教えない指導

鎌田賢二
KAMADA Kenji
藤代圭一
FUJISHIRO Keiichi

東洋館出版社

序章 子どもたちも、僕たちも、新しい時代をよりよく生きていくために

第1章 学びの「質」を高める「しつもん」という技術

第2章 子どものメンタル編

第3章　教師のメンタル編

第4章　メンタル成長編

序章

子どもたちも、僕たちも、新しい時代をよりよく生きていくために

突然ですが、登校時刻を過ぎて学校へやってきた子どもが目の前にいます。何度も繰り返す遅刻にあなたはやきもき。

こんなとき、あなたはどんな「しつもん」をしますか？

「なんで、遅刻したの？」

あなたの心の声、そのものですね。

気持ちはわかりますが、それでは、子どもから言い訳が返ってくるばかり。もしくは、黙り込んで、ひたすらその場をしのごうとする姿勢も見えるかもしれません。

けれど、質問を変えるだけで、変化を起こすことができます。

どうすれば、遅刻せずに登校できたかな？

怒られると思っていた子どもの表情は、最初は驚きに満ち、戸惑っているかもしれません。けれど、次は遅刻せずに登校するためのアイデアを、子どもなりに考えはじめます。

●遅刻をした子ども。
●問いかける先生。

まったくおなじシチュエーションでも、一方では言い訳が返ってくるのに対し、一方ではアイデアが返ってきます。

問いを変えるだけで、大きな変化が生まれるのです。

もうひとつ、例をご紹介しましょう。

あなたの前には、何度言ってもおなじミスを繰り返してしまう子どもがいます。特に、忘れ物が多く、いつも他の子どもに迷惑をかけています。

こんなとき、あなたはどんな「しつもん」をしますか？

何度言ったら、あなたはわかるの？

これまたあなたの心の声、そのものですね。これでは「すみません」という言葉を引き出すだけで、子どもはまた忘れ物をしてしまうでしょう。
けれど、「しつもん」を変えるだけで、変化を起こすことができます。

うちの子は、あなたより忘れ物が多いんだよね。
どんなアドバイスだったら効果的だと思う？

自分のことについて咎められると思っていた子どもは、拍子抜けするかもしれません。けれど、**自分のことではなく、誰かのためになら無性にアドバイスしたくなるのが僕たち人間**。視点が変わり、先生もわが子には甘いんですね、といったコミュニケーションにも発展、子どもから予想外の情報や効果的なアドバイスが返ってきます。
また、子どもは先生の子どもに対してアドバイスしているつもりが、ブーメランのように自分自身へ返ってくることになり、次回から持ち物に対する姿勢が変わります。

●何度も忘れ物をする子ども。
●問いかける先生。

まったくおなじシチュエーションでも、一方では謝罪が返ってくるのに対し、一方ではアイデアが返ってきます。

問いを変えるだけで、大きな変化が生まれるのです。

「しつもん」との出会い

自己紹介が遅れました。藤代圭一と申します。主に「しつもん」に関する書籍を執筆したり、教育関係者、スポーツ指導者、保護者のみなさんに講演やメンタルトレーニングをお届けしたりしています。

何を隠そう、言い訳を引き出しやすい「なんで？」という「しつもん」を多用していたのは、ほかならぬ僕自身なのです。

当時、サッカー指導者をしていた僕は、やる気のない子どもを見つけては「やる気がないなら来なくていい！」と罵声を浴びせ、「なんで、そんなこともできないんだ！」と欠点やミスばかりを指摘し、子どもたちのやる気や自信を奪っていました。

書店に足を運べば、「嫌いを好きにする方法」や「嫌いだった教科が好きになる」

といった趣向の書籍がたくさん並んでいます。けれど、「好きを嫌いにする方法」を目にすることはありません。なぜなら、誰もがそんなことは望んでいないし、当事者の誰もが下手なことを言って、無能だと思われることは避けたいからです。

正直なところ、僕もできることなら、言いたくありません。文字どおり、穴があったら入りたい気分ですし、ましてや本に書くなんて…。

けれど、過去の失敗と、そこからの変化をお伝えすることで、少しでも前向きな気持ちになったり、子どもや子どもと関わるヒントになったらと思い、筆をとっています。

そんな僕から、この「しつもん」です。

あなたは、誰かの「好き」を「嫌い」へと導いてしまったことはありますか？

胸に手を当てて、正直に答えてくださいね。

そうです、ありますよね？

ないですか？　ありますよね？

残念ながら、僕にはあります。

「もう、サッカーが嫌いになったから辞めるんだよ」

罵声を浴びせ、欠点やミスばかりを指摘しつづけた結果、あんなに好きで仕方のなかったサッカーを「もうやりたくない」と口にさせるまで僕が追い詰めてしまいました。

輝きを失った目。

感情のこもっていない声。

背筋が丸まり、自信を失っている背中。

いまでも、その光景はまぶたの裏側に焼きついています。当時、140名を超えていたサッカースクールは、退会者が続出。存続までもが危うくなってしまったのです。

少しだけ、弁明させてください。

僕は彼らを追い込みたくて追い込んだわけではありません。「子どものため」を思い、自分なりに試行錯誤してはいるつもりでした。過去の経験から学び、僕自身が受けたことのある指導に近いものだったはずなんです。

しかしながら、視野の狭い僕には「彼らのため」をはき違えていることに気づきもしませんでした。僕が口にしていた「彼らのため」は、僕自身の「正しさ」をただだ押しつけ、「子どもからなめられたくない」「より大きく見せなくては…」と、自分のなかにある恐れからくる行動だと気づくまでに、だいぶ時間ががかってしまいました。

けれど、そんな僕でも「しつもん」を学び、実践し、たくさんのトライアル&エラーを繰り返しました。僕自身が「しつもん」を実践し、人生が変わる生の経験をしたのです。

そんな変化を実感したのは、僕だけではありません。

●模擬テストで平均70点から、全国1位へ

●年間1勝しかできなかったチームが、市内大会優勝

●たった6名だった地方スポーツ少年団が、60名以上に

●不登校だった子どもが、自ら学校へ登校

●仲間を見下していた子どもが、リーダーとなりチームをまとめる

などなど、「しつもん」を通じて、教室やチームが変わり、子どもたちにも変化が続々と起きています。

けれど、どんな「しつもん」でもよいかと言えば、そうではありません。

冒頭でも紹介したとおり、「なんで、ミスしたの?」などに代表されるミスや失敗を指摘する尋問や、答えを意図的に誘導する誘導質問、「しつもん」の形に見せかけて命令のメッセージを含んだ命令質問など、「しつもん」には種類があります。

そして何より、これから「しつもん」を改めて学ぶ方にお伝えしたいことは、「何を問うか」よりも、「誰が問うか」のほうが大事であるという点です。

どんなに良質な問いでも、**問いかけている僕たち大人と子どもの間に信頼関係が構築されていなければ、薄っぺらい問いとして認識されるばかりか、ときには逆効果となり得る**のです。

想像してみてください。昨日まで指示や命令ばかりで「なんで、ミスばかりするんだ!」と声を荒げ、叱責することしか頭になかった監督が、ある日突然「どのようにしたら、ミスがなくなると思う?」なんて問いかけてきても、気味が悪いじゃないですか。

「答えを探す」をやめて、「問いを探す」

僕たちの社会を取り巻く、複雑性や変化のスピードは増していくばかりです。よい学校に進学して、大きな会社に就職すれば、将来安定という考え方は遠い過去のものになりました。

また、現代は、検索すれば比較的簡単に答えが手に入る時代です。子どもたちも、ゲームで行き詰まれば攻略動画を検索し、新人社員は「何が正解ですか」「とにかく答えを教えてください」と上司にせがみます。

スポーツの現場に足を運べば、ベンチに座る監督ばかりを気にしながらプレーをする子どもたちを目にすることは少なくありません。一刻一刻と変化するピッチのなかに答えがあるはずなのに、ベンチに座る監督に答えを求めながらプレーしているのです。

自分で考えることを放棄し、監督に答えを求める。年齢を重ねても、僕たち大人がそばにいて、逐一、指示やアドバイスを送ることができればそれでもよいかもしれませんが、そんなことはまずできません。また、「正解」はものすごいスピードで変化し、誰もがその答えがわからないでいます。

変化の激しい時代に生きている子どもたちに必要なことは、**答えを探すのではなく、自分自身で問いを探すこと、生み出すこと**です。

しつもんメンタルトレーニングとは、スポーツ現場での実践をもとに、子どもたちが自ら考え、行動するメソッドを体系化したものです。主に育成年代の子どもたち（小学生から高校生）を対象に実践され、全国大会優勝選手や日本代表チームでも活用されています。また、敷居の高くないこの方法は、全国各地の家庭や教室でも実践されています。

また、答えではなく、問いを探す重要性は、僕たち大人にもあてはまります。新型コロナウイルスが猛威を振るうなか、自身のライフスタイルのあり方や働き方を見つめ直した方も多いと思います。

「わたしが本当に大切にしたいことは、何だろうか？」
「学校は、何のためにあるのだろうか？」
「スポーツの本当の価値は、何だろう？」

答えを探すことよりも、問いを探すことの重要性は、いまにはじまったことではありません。

アインシュタインは「あなたが死にそうな状況になって、助かる方法を考えるのに1時間あるとしたら、どんなことをしますか？」という記者のインタビューに対し、「最初の55分間は、適切な質問を探すのに費やすだろう」と答えたといいます。

スティーブ・ジョブズは日々、自分自身に対して「もし、今日が人生の最後の日だったら、今日やろうとしていることを自分は本当にやりたいだろうか？」と問いかけていたと言います。

50年以上前、パブロ・ピカソは、「コンピューターは役に立たない。答えしかくれないから」という言葉を残し、「問い」の重要性を説きました。

半世紀経って、僕たちはようやくそこに気づき、**誰もが同じ答えを見ていた時代は終わり、これからはそれぞれが問いをもち、答えを見つける時代に変化している**のです。

教室などで、毎日、子どもたちに接しているあなたに、学校の先生でもなく、スポーツ出身の僕がお伝えできることなど、本当に些細なことしかありません。けれど、スポーツには教室とおなじように「自分で決めること」が推奨され、失敗も成功も自分で責任を引き受ける土台があります。

「自分で決める」

この積み重ねが、これからの時代を生きる子どもたちにも、そして僕たち大人にも必要なことだと強く感じています。そのためにも、まずは子どもたちに対して、良質な問いを届けること。そして、多様な問いに触れるなかで、彼ら自らが質問を探し、探求し、生み出し、自分で決める機会を積み重ねることが、必要ではないでしょうか。

＊

本書では、共著者である鎌田先生が、学校現場で実践されているアイデアを惜しみなく執筆してくださいました。本書に掲載されている事例を「答え」として受け止めるのではなく、あらたな問いを生み出すきっかけとなったらとてもうれしいです。

令和３年２月吉日　藤代　圭一

第1章

学びの「質」を高める「しつもん」という技術

「しつもん」は行動の幅をグンと広げる

序章を通して「しつもんメンタルトレーニングとは何か」を知っていただけたかと思います。しつもんメンタルトレーニングを学校教育に取り入れることで、

「子どもたちのよりよい成長をめざせる」

「指導している教師も生き生きとしはじめる」

こんな可能性を感じていただけたのではないでしょうか。

「子どもに教える」ことはとても大切なことです。しかし、それ以上に大切だと思うことがあります。それは「子どもが本来もっているものを引き出す」ことです。このコンセプトが、（昔から大切にされてきたことですが）いまの時代の学校教育には、特に求められているように思います。

さて、ここからがしつもんです。

人は1日に何回、自分にしつもんしていると思いますか？

ちょっと想像してみてください。

1日に20回…いや、ちょっと少ないかな…。

1日に200回…まあまあ、妥当な線でしょう。

1日に2、000回…そんなにしますかね。

1日に20、000回…いやいや、それはないでしょ。

（個人差はあると思いますが）正解は、1日におよそ20、000回。思った以上に、しつもんしているものなのですね。

「何からしようかな」

「どれから食べようかな」

「何を着ていったらいいかな」

「今日は学校で誰と遊ぼうかな」

「帰ったらまず宿題したほうがいいかな」

「どうやってこの問題を解こうかな」

「今度、どこに旅行に行こうかな」

資料

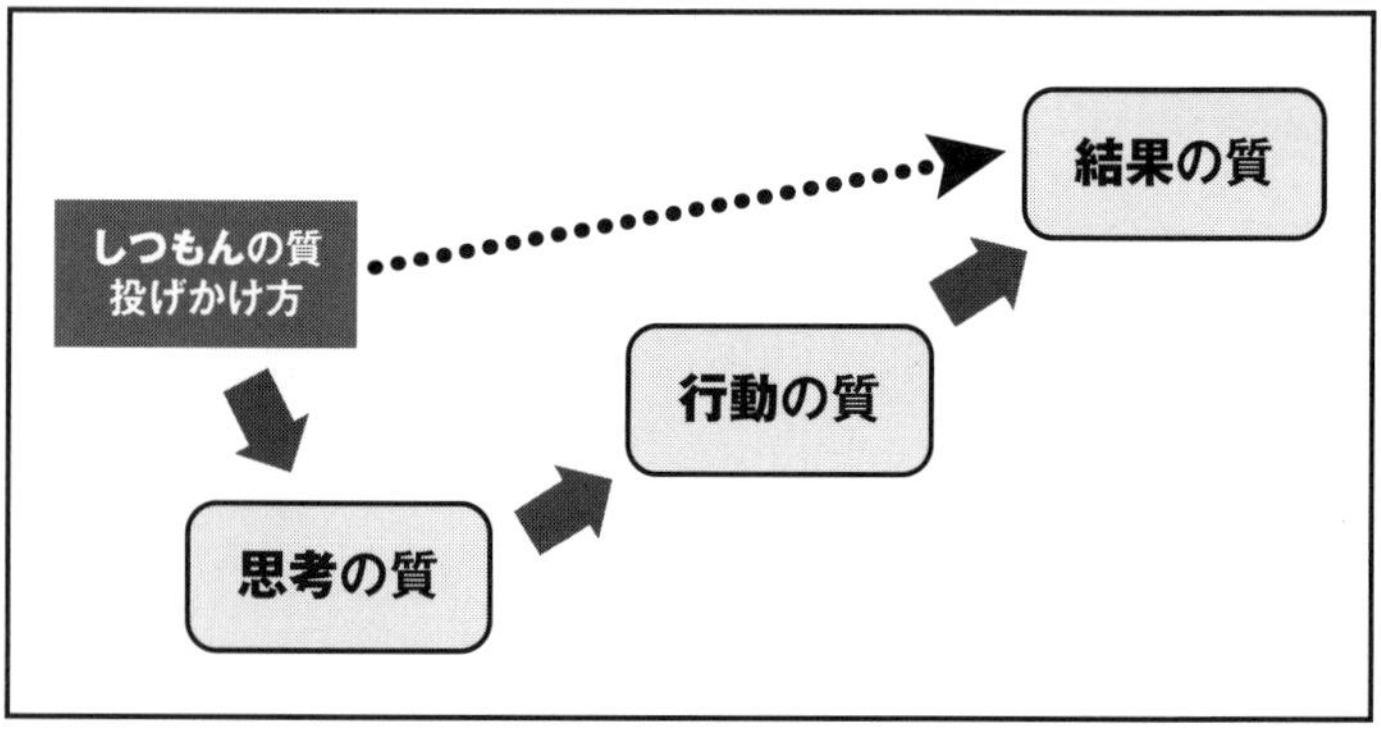

何かしら行動を起こす前に、私たちは必ず自分にしつもんをしているみたいです。

それだけしつもんしながら動いている私たちです。ということは、自分に対して〝どんなしつもんをするか〟によって、行動そのものが変わるのではないでしょうか。

もし、**しつもんが良質であるほどに、行動の質も向上するのであれば、学校現場であれば学びの質を高めることできる**と考えることができそうです。

この考え方を、図にするとこんな感じです（資料）。この図からわかることは、以下のとおりです。

●しつもんの質が高まらないと、思考の質は高まらない。

●思考の質が高まらないと、行動の質も高まらない。

●思考の質が変わらないと、行動の質はすぐに戻ってしまう…らしい。
●結果や質を高めるには、しつもんの質や投げかけ方を高めておく必要がある。

そもそも学校は、（授業をはじめとして）無数のしつもんが飛び交う場です。そのような場で、もし、教師の行うしつもんの質が悪かったら？　しつもんに何の意図もなかったら？　子どもたちの答えはあやふやにならざるを得ず、教師のほうは（自分の不備に気づかないまま）子どもたちの答えを否定的にとらえてしまうでしょう。すると、子どもたちは〝自分は先生にコントロールされている〟と受け止めます。その結果、やる気を失い、本来もっているはずの力を発揮しようとしなくなるでしょう。

もちろん、教えるべきことはしっかり教えることが、学校教育には必要です。しかしながら、教師の一方向的な指導によって、（たとえその指導がどれだけ巧みなものであっても）すべてがうまくいくでしょうか。

子どもたち一人一人の個性はさまざまです。家庭環境や生育歴もそうです。そのため、教室では、（いいことも悪いことも含めて）いろいろなことが起きます。そんな流動性や不確実性に満ちています。このことを考えるだけでも、〝教師による一方向的な指導〟の限界が見えてきます。きっと、読者のみなさんも肌で感じているはずです。

実際、子どもが〝自分はコントロールされている感〟をもってしまうと、教師の指導が入らなくなります。指導が入らなくなると、教卓を叩く、怒鳴るといった力業で何とかしようとしてしまいがちです。かりに力業でその場を凌げても、そのあとに何が起きるか。指導が入るようになるどころか、子どもたちを委縮させ、ひいては学校教育への失望感を募らせてしまいかねません。

教師はいたってまじめです。正義感も強い。それ自体はすばらしいことです。しかし、無為無策に（ときには頭ごなしに）自分の正義感を振りかざして、質の低い言葉をまき散らしてしまえば、子どもたちが本来もっているはずの可能性に蓋をしてしまうでしょう。これは、新卒の先生だろうと、中堅やベテランの先生だろうと同じです。

さてここで、教師の「葛藤あるある」を例示してみたいと思います。

「子どもの思いを大事にしたいけれど、わがままにしか思えないAさんの発言を全体の場で取り上げるべきか」

→もし、Aさんの意見を通せば、〝わがままな意見だっていいんだ〟と周りの子たちに誤認させ、学級が乱れるきっかけになるおそれがある。

「ここで、Bくんの発言を取り上げるか、それともスルーするか」

↓もし、その発言を取り上げれば、周囲の子どもたちに不公平感を与えかねず、かといってスルーしてしまえば、（暴力や奇声を発するなどの）余計なスイッチが入って授業がストップする可能性がある。

ここで強調したいのは、右のような状況下での対応策ではありません。そうではなく、そもそもこのような葛藤をせずに済む予防策です。それが、「しつもん」です。意図のある良質な「しつもん」は、教師の葛藤そのものを回避する確度を上げることができます。

そうです。問われるべきは「しつもん」の「質」です。それ次第で、よくも悪くも、その振り幅が大きくなるのです。質さえよければ、行動の幅がグンと広がります。

*

ところで、なぜ「質問」とは書かずに、「しつもん」としているのでしょうか。これには、理由があります。漢字にしてしまうと、字句どおりの狭い範囲で受け止められてしまうからです。

「しつもん」には、教師が授業で使用する「問い」「発問」という言葉も含みます。「問い質す」といった生徒指導上で必要となる言葉も含みます（さすがに、追い込むような「尋問」は扱いたくないのですが、含むかどうかということであれば含みます）。このように、対話をする相手や自分自身の考えや気持ちを引き出したいときの言葉かけ全般を「しつもん」に含めているわけです。

「しつもん」の質を上げる観点

たとえば、次の6つを意識しながら行うと、「しつもん」の質が上がります。

●共感的な考えを引き出す

自分とは違う他の人の立場になって考えを引き出すときに使うしつもんです。相手の気持ちを配慮したうえでのしつもんなので、共感的な考え方を引き出しやすくなります。

［例］～さんが…と思ったのはどんな思いからですか？

［例］～さんが…してしまったのは、どんな理由からですか？

●批判的な考え方を引き出す

本来してはいけないことやダメだと思うことを引き出すためのしつもんです。ただし、悪いことをあえて前面に出して行うしつもんなので、リアルに近すぎる子やクラスの誰かを名指しして批判することのないように配慮します（教科書に掲載している人物を取り上げるのであればこの限りではありませんが、それでも配慮は必要）。

［例］廊下を走っている人がいましたが、どう思いますか？

［例］いじめている人がいました。それを見ていてどんな気持ちになりますか？

●模範的な考え方を引き出す

模範的な考え方を引き出したいときに使うしつもんです。次のようにしつもんすることで、子どもたちのなかの模範的な心情が表に出てきそうですね。

［例］片づけができない人に対しては、どうしたらいいのかを教えてくれませんか？

［例］～さんがこんないいことをしてくれました。あなたはどう思いますか？

●感動的な思いを引き出す

よかったことや悲しかったことなどの感情をベースに、心に残ったことを引き出すためのしつもんです。左の例の「うれしかった」という語句を、「腹が立った」「かなしかった」「たのしかった」など喜怒哀楽を表現する語句に置き換えることで、いろいろな思いを引き出すことができます（感動しすぎて「言葉にできない」「わからない」という場合もあるかもしれませんね）。

［例］心に残ったことは、どんなことですか？

[例] どんなことが、うれしかったですか？

●体験的な思いや考えを引き出す

体験したことを振り返ったり、自分の経験を思い出したりするなど、自分の実践を通して感じた思いや考えを引き出すためのしつもんです。また、クラスでシェアする際、遠足などの共通体験を例にすると、友達の見方や考え方に共感したり認め合えるしつもんになります。

[例] 今日、学習したことを振り返って、感じたことや考えたことはどんなことですか？

[例] お友達に嫌なことを言われて、どう感じましたか？

●過去や未来への思いを引き出す

遠い先のこと、数日先のこと、あるいはちょっと前のこと、昔のことなどを想起させながら、現在の自分の行動や思いなどを引き出すしつもんです。時間軸を意識させることで、いまの自分が何をめざすのかを明らかにすることができます。

【未来の軸】

[例] これから、どうしていきたいですか？

[例] 10年後にどうなっていたら、最高ですか？

[例] この授業を次に生かすなら、何をしたいですか？

【過去の軸】
［例］前は、どんな景色でしたか？
［例］前の授業では、どう思っていましたか？
［例］10年前は、なぜ大切にできたのでしょう？

＊

右のしつもんは一例にすぎませんが、これら6つの観点を意識しながらしつもんすることで、授業や学級に深みを与えることができるようになります。その確度を上げるためにも、〝どのようなしつもんだったら、子どもたちの心にフックを掛けられるのか〟日々の実践を通じて常に考え、試行し、見直してみることが大切です。

「しつもん」は子どもと教師に何をもたらすか

しつもんの質が高まってくると、次の9つのよさを体感できるようになります。

●自身の仕事を進めやすくなる

子どもたちがよりよい生き方を探しはじめるきっかけをつくってくれるのが「しつもん」ですが、この手法は、場所は問いません。教室でも、校庭でも、校外学習でも行えます。しかも、気軽に実践できます。その手軽さと有用性から、授業づくりや学級づくりを進めやすくなります。また、その副産物として教師の多忙感の軽減も期待できます。

●主体的な動きとなる

本書では「自主的」という言葉ではなく「主体的」という言葉を使用しています。双方とも能動的な言葉に違いないのですが、「主体的」のほうはその人自身による課題設定を必要とする点に特徴があります。

他方、「自主的」もその起点にはなりますが、課題設定については他律的です。（他者から与えられた課題を解決することもすばらしいのですが）本書では自律的な課題設定を重視します。

そのために必要になるのが、自分自身に向けたしつもんです。子ども自身が自問自答するなかで課題を明確にして実践し、そのサイクルを繰り返すことで、困難な場面でも自己決定できるようにしていきます。これが、その子に自信（自己肯定感や効力感）をもたらします。

●自身の考えを整理できる

人は、普段「自分がいま」「どういう理由で」「何を感じ考え」一つ一つの行動を「選択しているのか」を、いちいち言葉にすることはありません。なぜなら、行動の反復によって身についた習慣（ルーティン）に則っていれば生活できるので、あえて言語化する必要がないからです。そのため、「理由」「思い」「展望」といったものの多くは意識下に置かれます。

これに対して（自分としては特に意識せず当たり前の行動として行っていることに対して）、誰かから何かを問われた途端、「それって、どういうことだったっけ？」と我が身を振り返る思考がスタートします。つまり、ふだん意識していないことを意識化しようとするのですね。

その結果、思いや考え、理由、何をどうしたいのかといった、自分の「現在地」がはっきりするわけです。これは同時に、自分が次に向かうべき方向が明確になることでもあります。

実際、自分が行きたい場所があっても、いま自分がどこにいるのかが不明瞭であれば行きようがありません。「主体的」になるための課題設定もまた、それと似ているように思います。

●自身をマネジメントできる

感情のコントロール（いわゆるアンガーマネジメント）ができるようになります。より踏み込んで言えば、自分自身のマネジメントです。そうできるようになると、目に映る景色が変わります。

これは、ハイレベルなものの見方を獲得するという意味ではありません。これまでの視点との掛け合わせで、異なる視点で物事を見ることができるようになる（複数の視点を獲得する）ということです。また、いくつかの視点で見られるようになると、受け入れる側の器も大きくなり、何か事が起きた際にも、慌てたりせずに落ち着いた気持ちで対応できるようになります。

●自身をプロデュースできる

「自分はこの先、どうしていきたいのか」というしつもんを、場面や形を変えながら繰り返し行っていくことで、自分自身の生き方や考え方（なりたい自分像）が明確になります。のみならず、そのために必要な情報もどんどん入ってくるので、自身をプロデュースしやすくなります。

●しつもんの答えから学ぶことができる

教師から一方向的に教わるのとは異なり、子ども自身が主体的に学べるようになります。また、教室という場で子ども一人一人が主体的な学び手になれれば、しつもんという形で水を向ける教師のほうの考えの幅も広がります。

また、「あれもこれも、しっかり教えなきゃ」といった縛りから解放されるので、（授業づくりにせよ、学級づくりにせよ）「教える」から「引き出す」へと教師自身のパラダイムが自然にシフトします。また、謙虚な姿勢で子どもたちと接することもできるようになります。

●余裕がもてる

「子どものなかにあるものを引き出す」ことを通して、「子どもが元気になる」サイクルをつくることができます。このアプローチによって元気になるのは子どもだけではありません。子どもに水を向ける教師自身もまたどんどん元気になるし、ひいては保護者も元気になります。

逆に、教師が元気でなければ学級も授業も沈みます。教室を覆う「気分」というものが授業や学級に及ぼす影響は、私たち教師が考える以上に大きいと思います。また、ワクワクする気持ちで日々の仕事を行えるようになると、心に余裕も生まれます。

●ファシリテートできる

しつもんする文化が教室に生まれると、教師はわき役に徹することができるようになります。授業においても、指導者としての側面がなくなるわけではありませんが、どちらかというと、司会進行役を担うホストのような立ち位置で授業を進行できるようになります。

また、教師の所作が伝染するのか、しつもんに慣れた子どもや、そこにおもしろさを見いだす子どもが現れて、子ども同士でしつもんをし合う姿が見られるようにもなります。そうなると、よりいっそう教師の指導は、ファシリテーターの側面が強くなります。

●カウンセリングにもなる

しつもんを実践することで、子ども自身が「課題に思っていることは何か」「それはなぜか」「本当はどうしたいのか」「したいことを実現するために何が必要か」を一つ一つ明らかにしていけるようになります。すなわち、自律的に課題設定を行い（主体的になり）、課題解決の方途を自分なりに構想できるようになるわけです。

また、しつもんによって、相手との信頼関係も厚くなります。こうしたことは、まさにカウンセリングと同じなのではないでしょうか。

＊

これらの諸点は、学習指導要領に盛り込まれた「主体的で対話的で深い学び」（授業改善の視点）との親和性が高いと言えます。教師や子どもたちの学びのために必要なことばかりだからです。

しつもんメンタルトレーニングの構え

1　3つのルール

スポーツでも武道でも、それぞれ固有の「構え」があります。構えがあるから（野球であれば）ボールをキャッチできたり、（柔道であれば）技をかわしたりできるのと同じで、しつもんメンタルトレーニングにおいても、（しつもんをするほう、回答するほう双方に）「構え」が必要になります。殊に、しつもんメンタルトレーニングにおいて必要とされる構えとは、「心構え」にほかなりません。

具体的には、次の3つのルールがこれに当たります。

①出てきた答えはすべて正解
②「わからない」も正解
③出てきた意見はすべて認め合う

この3つを順守することによって、回答する側から多様な意見を引き出すきっかけをつくることができます。また、この3つのルールは、それぞれが独立するものではなく、お互いに関係し合うもので、いわば3つでワンセットです。

たとえば、会議などではじめに発言する人はドキドキするものです。どのようなリアクションがあるか予測できないからです。〝自分の発言は周囲に受け入れてもらえるかな〟という期待と不安が入り混じった心理が働くということですね。

このとき、もし誰のどのような発言であっても認め合える雰囲気があれば（そう感じられれば）、安心して発言することができるでしょう。この環境をつくるのが、①の「出てきた答えはすべて正解」と、③の「出てきた意見はすべて認め合う」です。

加えて、発言したいのだけど言葉にできない場合には、②の「わからない」と言えることも非常に大切です。ただし、この「わからない」の言葉の前に、「自分なりに考えてみたけれど…」という行為を経ていることが前提となります。

いままで誰からもされたことのないしつもんであれば、すぐに答えられないのは当然です。ですから、〝わからないなりにも考えてみた〟という行為を挟むことが大事なのです。

人は、自分の思いや考えが相手にとって何かしらよい影響を与えた（と感じられた）ときにはじめて自己肯定感が高まります。さらに、その心地よさをふたたび欲しようとして、他者とのかかわりを深めたり広げたりしはじめます。この段階で、普段は気に留めなかったことにも目を向けるようになり、自分の内面の新たな側面と出会います。こうした「気づき」の連鎖が、その人の意欲をさらに高めるわけです。

このようなプラスの連鎖をつくるきっかけづくりや潤滑油となるのがしつもんであり、そのために必要なのが、先の3つのルールなのです。

2 子どもの発達段階を踏まえたアプローチ

子どもにしつもんをするにあたっては、彼らの発達段階に即して考えることが大切です。

低学年であれば、空想的な世界を現実世界に当てはめて物事を考えることがあります。仮面ライダーやプリキュアなどのキャラクターや物語に重ね合わせて勧善懲悪を語る子どもを想像してみればわかりやすいと思います。この特性をうまく使うと、はじめのしつもんで答えが得られなかったときや、明らかにしつもんの意味が伝わらなかったときなどに応用が利くようになります。

中学年であれば、低学年の特性を残しつつも、周りの人の視線や思いを意識しはじめます。この時期には、〝あなたの友達は、どう感じると思いますか？〟といったしつもんのように、第三者の視点からしつもんするのが効果的です。

高学年になると、相手の立場に立って考えることができるようになっていきます。そこで、多面的で多角的な視点からしつもんを行い、お互いにシェアすることで広がりをもたらすことができます。

3 子どもにしつもんが届くアプローチ

もうひとつ重要なことがあります。それは、子どもたちの可能性を信じ切る、、、こと。

この「信じる」という言葉は、「みんな大好き」という言葉に置き換えて差し支えありません。子どもが教師にとって都合の悪い行動をしたとしても、「大好き」という気持ちで接するわけです。それが、「信じ切る」という気持ちを支えてくれます。

これらが、しつもんメンタルトレーニングを進めるうえで必要な「構え」です。もし、しつもんを実践しはじめてしばらく経ち、「マンネリ化してきたな」と思うことがあれば、ぜひこの構えに立ち戻ってみてください。「初心忘るべからず」です。

ちなみに、なぜ「マンネリ化」が起こるのかについて指摘しておきたいと思います。一言でいえば、自分なりの型が一度できてしまうと、その型に固執するようになるからです。自分のやり方のほうを変える必要があるシチュエーションに出会っても、自分の型に（無理にでも）当てはめようとしてしまうのですね。すると、次第にしつもんという手段が目的化・形骸化し、やがてその効果や手ごたえを感じられなくなってしまいます。

これは、しつもんに限った話ではありません。1つのやり方に固執してしまい、柔軟さが失われると、期待どおりの効果を発揮できなくなります。つまり、指導技術全般に言えることなのですね。こうしたことから、〝自分は何のためにやっているのか〟を振り返る（構えに立ち戻る）ことが大切なのです。まさに「慣れの果ての狎れ」。慣れてきたときこそ、学び直しが必要なゆえんです。この学び直しの先に、さらなる成長が待っています。

かつて、ウォルトディズニーはこんなことを言っています。改めてこの言葉のすばらしさを感じます。

ディズニーランドは、永遠に完成しない。
この世界に想像力が残っている限り、成長し続ける。

しつもんメンタルトレーニングの10ヶ条

さて、ここでしつもんメンタルトレーニングのインストラクターやトレーナーが大切にしている10ヶ条を紹介します（それぞれの説明については、学校教育用にアレンジしています）。もともとはスポーツの世界で考案されたトレーニング方法ですが、学校教育で実践する際にも重要な要件であり、何度でも見直すことが大切です（私の仲間が毎週月曜日に一つずつ言葉をアップしてくれるのですが、いまの私でさえもドキッとすることがあります）。

1　ジャッジしない

たった一つの正解はない。どんな考え方にも、子どもなりの解釈がある。

2　コントロールしない

子どもの思いや考えを変えようとしない。選択肢を奪わず、教師の答えに誘導しない。

3　ゼロベース

過去の選択肢にとらわれない。子どもと共に学び、共に創りあげる。

4　**信じる**

教師の目からは首をかしげるものであっても、本気で考えた末の選択は、その子にとっての最適解である。期待感をもって子どもを信じる。

5　**自分を満たす**

教師である自分の心の状態が目の前の子どもに影響を与える。まずは自分を満たす。

6　**主役は子ども**

授業は教師のための時間ではなく、目の前の子どもたちのための時間。主役は誰かを間違えない。

7　**責任は100%自分にある。**

子どものせいにしない。反応はすべてフィードバックという宝物。

8　**いま、ここ**

身体で考える。結果はいまの積み重ねから生まれる。

9　**実践者である**

前に立つ時間よりもそれ以外の時間の過ごし方が大切。信頼関係がすべての土台。

10　**楽しむ**

楽しそうなところに子どもは集まる。まずは教師である自分が楽しむ。

＊

ここまで、しつもんメンタルトレーニングのよさと可能性を紹介してきました。
次章より、具体的な実践方法を詳しく紹介していきます。

第2章
子どものメンタル編

本章からは、教育現場で効果的に行う「しつもんメンタルトレーニング」のアプローチ方法を紹介していきます。まずは「子どものメンタル編」です。少しでも「しつもんっておもしろい」「ちょっと試してみようかな」と感じたら、ぜひ取り入れてみてください。

とにかく実際にやってみるのが一番です。「いいかもなぁ」などと思っているだけだと、そのよさを実感する前に、思いのほうが霞んでしまいますから。

かつて、荀子《じゅんし》はこんなことを言っています。

聞かないことは、聞くに及ばない。
聞くことは、見ることに及ばない。
見ることは、理解することに及ばない。
理解することは、それを実践することに及ばない。
だから、学問は実践の段階にまで至って終わるのである。

荀子は、紀元前（中国戦国時代末）の思想家ですから、そんな昔から実践を重要視していたのですね。さらにつけ加えれば、「自分が実践したことは、誰かに伝えることで、自分の身に定着する」と言います。こうしたことも踏まえ、ぜひ「自分だったらどう実践するかな」という視点をもちながら、読んでもらえるとうれしいです。

学級のいい雰囲気をつくる

子どもは、自分の主体的な意思で小学校（中学校）に通うことを選択したわけではありません。義務教育ですから当然そうですよね。ただ、これは、教師として常に頭の片隅に置いておきたい〝当たり前〟だと思います。というのは、学校教育に対する教師と子どもの意識には大きな隔たりがあるからです。

たとえばもし、〝なぜ、子どもが学校に通うのをやめてはいけないのか〟と問われたら、教師は何と答えるでしょうか。おそらく〝その子の将来に悪影響があるから〟といったところではないでしょうか。〝学校に通うのは、その子のためだ〟と。

さて、これと同じ問いかけを子どもにしたらどうでしょう。おそらく言葉に詰まるか、〝行かなければならないと言われているから〟と答えるのではないでしょうか。これは、学校が好きだと公言する子どもでも、あまり変わらないように思います。

心の底では〝行かないで済むのであれば、そのほうがいい〟〝むしろ行きたくない〟

とさえ思っている子どもは、案外います。

このことからわかることは、子ども一人ひとりの個性や家庭環境が多様であるという以前に、〝学校で学ぶ意欲には非常に大きなバラツキがある〟ということですね。これに対して教師のほうは〝学校に通うのは子ども自身のため〟と考えているので、子どもの意識とズレが生じるわけです。

もちろん、こうしたズレ自体が悪いわけではありません。要するに、「子どもの側の学ぶ意欲には大きなバラツキがあるのは自然なこと」「教師と子どもとでは、学校に通う（通わせる）理由に隔たりがあること」の2つを、教師は忘れてはいけないということです。

そうでないと、何か問題がもち上がるたびに〝この子はやる気がない〟〝みんなと違うことばかりする〟などと、（自分の指導のよし悪しを顧みる前に）子どものほうに原因を求めてしまうでしょう。その結果、〝もっとしっかり教え込まなければ…〟〝みんなと同じになるように指導しなければ…〟といった意識を強めてしまうかもしれません。

あるいは、逆に「教え込みでは子どもは育たない」のだから、「教師は必要最低限の指導、待つ指導に努め、できるだけ子どもに任せればいい」とばかりに針を振り切って、子どもの指導に当たろうとするかもしれません。

確かに、子どもの主体性に委ねることは大切なのですが、問題はそのやり方です。もし理念ばかり振りかざし、適切な方法を講じ得ないのであれば、ただの放置・放任となってしまうでしょう。それでは、学級がよりよくなるどころか、むしろ崩れてしまう要因とさえなります。

そもそも、「任せる」ためには、子ども自身が主体性をもって、任せてもらったことを遂行できる方法を知っている必要があるはずです。

では、子どもに原因を求めるのでもなければ、教え込む意識を強めるのでもなく、かといって子どもに任せればいいというのでもないなら、いったいどうすればよいのでしょうか。

少々もったいつけるような言い方をしてしまいましたが、そのひとつの方法として、私は学級のあたたかな雰囲気をつくることだと考えています。この雰囲気づくりを行う方法は、いたってシンプルです。誰でも、どこでも、簡単に行うことができます。

それは、こういうことです。

相手の話を「笑顔」で、「うなずきながら（反応しながら）」聴く。

「えっ、これだけ?」

「答えるのではなく、聴く?」

そうです。「聴く」です。しかも「聞く」ではなく「聴く」

「聴く」という文字は、「耳」「目」「心」と「十（「いっぱいの」という意味）」で構成されています。つまり、「目と耳と心をいっぱい働かせて聞きましょう」ということですね。

実際、最初の段階では、静かに「聞く」ところからはじめるのですが、次第に「聴く」になるように意識を切り替えていきます。しばらくすると、漢方薬の効能のように、学級全体に染みわたっていきます。そのうちに、学級の雰囲気があたたかくなっていくわけです。このあたたかさは、授業においても効いてきます。

プロセスとしては、「聞く」↓「聴く」↓「利く」↓「効く」です。言葉遊びみたいですが、「聞く」から「聴く」への移行をいかに行うかがポイントです。

そこで、ここではまず、私の考える「聴き方」を紹介します。

(1) 「目」で話を聴く（対象は問わない）

文字どおり、相手の顔に自分の目を向ける「聴き方」です。体ごと向けるようにすると、なおよいと思います。（しつもんメンタルトレーニングと関係なく）この方法を採り入れている学級は多いと思います。

また、この「聴き方」は物理的に視認できるので、教師としても「よく相手を見て、しっかりと聞いていますね」と評価しやすいですね。

ここで、ひとつ気をつけたいこともあります。それは、下を向いている子や手遊びをしている子を見逃さないようにすること。すべての子どもが「聴き方」を身につけてはじめて、学級の雰囲気をよりよくする準備が整います。

(2) 「耳と心」で話を聴く（対象は高学年）

まず、次の5つの所作を子どもたちに示します。

① **〈動き〉** 指示どおりに動く。
② **〈質問〉** ～について質問です。
③ **〈同じ・違い〉** ～さんと同じで（違って）…です。
④ **〈言い換え〉** ～さんの言っていることは…ということです。

⑤〈感想〉～についての感想で…です。

③～⑤は「話し方」のように感じるかもしれませんが、「聴く」所作として位置づけています。というのは、いずれも相手の意見を聴けるようになってはじめてできる所作だからです。つまり、子どもたちが「聴く」姿を、行動や発言まで（①～⑤まで）セットにして考えようということですね。

「よい聴き手」は、相手のモチベーションを引き上げます。〝自分の話に興味をもってくれているんだ〟と感じさせるからです。だから、相手は（誰に何を言われたのでなくても）「よい話し手」になろうとする意欲をもつのです。逆に、誰からも関心をもってもらえないと感じていれば、自分から積極的に発信したいとは思わないでしょう。

これは、いわば相互作用です。**「よい聴き手」がいることで「よい話し手」になろうとする意欲が高まり、自分もまた「よい聴き手」になろうとする気持ちを強くする**わけです。

ここに、教師が「よい聴き手」であるだけでは足りない理由があります。いくら教師が子どもの意見の「よい聴き手」であっても、子どもは心の底から満足しません。クラスメートに対してこそ、自分に〝関心をもってもらいたい〟、〝認められたい〟と思っているからです。

本気で「聴く」姿勢は、発言者（友達）を大切に思う気持ちの表れです。その結果、他者を尊重しようとする気持ちも生まれます。しかも、どの子もみな自分の考えを話したい、友達の考えを聴きたいという気持ちも高まってくるので、自然と発言が多くなります。「なぜ、あのクラスは子どもの発言が多いのでしょう？」というしつもんを受けることがあります。これは、発言が直接的に増えるように指導した結果ではありません。（これまで語ってきたように）子ども同士で「聴き合う」所作が身についたことで生まれた結果だと言えるでしょう。

このように、学級の子どもたちを「よい聴き手」に育てることができれば、学級の雰囲気はよくなり、ひいては主体的に「しつもん」に答えようとする足場になります。実を言うと、学級の雰囲気づくりは、効果的なしつもんメンタルトレーニングを行うために欠かせないものだったのです。

ここまでが効果的なしつもんを行うためのお膳立てです。ここから、具体的なしつもんについて紹介していきましょう。

目標の実現可能性を引き上げるしつもん

たとえば、新学期。学期や1年を通じた（学習面や生活面などでの）目標を子どもに書かせる実践があると思います（私も実践しています）。もし、このときのしつもんが、「どんな目標を立てますか？」であったら、子どもたちはどんなことを書くでしょう。およそ、こんな感じではないでしょうか。

「勉強をがんばる」
「早寝早起きをする」
「生活リズムを整える」
「時間を守る」
「宿題をきちんとする」
「サッカーで点をとる」
「友達と仲よくする」
「忘れ物をしない」

いずれも、その子なりの意思表明で微笑ましいですね。ただ、その一方でこんなふうにも感じてしまいます。

〝いつまでに達成するのだろう〟

〝1年と言わず、今日にでもできることなんじゃないかな〟

〝どうやって実現するつもりなのだろう〟

〝みんなが書いているから、とりあえず…という感じもするなぁ〟

なぜ、そう感じてしまうのか。端的に言って、実現するために必要な具体が抜け落ちているからです。決意表明ではあっても、目標提示とはなっていないということですね。

本気で実現したい目標であるならば、「いつまでに」「何を」「どのように」行うのか、そもそもどのような状態になれば「実現したことになるのか」、（大人のようにはいかないにしても）子どもなりの成功イメージと、そこに至るプロセスの双方が、明確になっている必要があるはずです。

もちろん、目標の立て方に正解があるわけではないので、どのように立ててもいいものです。しかし、せっかく立てるのですから、その子の成長につながるものにしたいですよね。

そこで、こんなしつもんは、いかがでしょうか？

あなたは、〇〇までに何がどうなっていたら、最高ですか？

新学期の目標づくりに当てはめれば、こんな感じです。

1学期の終わりに（学習面または生活面で）どうなっていたら、最高ですか？

このしつもんであれば、1学期が終わったころの状況を具体的に思い浮かべながら、生活面または学習面での「あるべき自分の姿」を想像しようとするでしょう。さらに、しつもんで求めているのは「最高の姿」ですから、そこには（あえてつけ加えなくても）「成長」というニュアンスが加味されるはずです。

また、このタイプのしつもんには、次のようなバリエーションも考えられます。

[例①] 放課後までにどうなっていたら、最高ですか？
[例②] この授業の終わりにどうなっていたら、最高ですか？
[例③] 部活動の終わりにどうなっていたら、最高ですか？

①であれば、（数時間後のことなので）さらに具体的な姿をイメージできると思います。小学校であれば終わりの会でも十分に振り返ることができます。

また、②や③も、数十分後、数時間後のことなので、①と同様に具体的なイメージをもちやすく、さらに「授業」「部活動」にフォーカスしているので、実際に行う「何を」がより鮮明になるでしょう。

ここでひとつ、注意したいことがあります。それは、「できるだけ身近で、近未来で、具体の活動に絞り込んだしつもんがよい」わけではないということです。そうではなく、（どのような目標であっても）子どもがきちんと自分の文脈になぞらえて、自分の姿を具体的に想像できる「しつもん」になるように工夫しましょうということですね。

そうでないと、ただの言葉の羅列にすぎないものとなってしまい、子どもの成長に寄与しません。つまり、大事なのは、期間の長短ではなく、しつもんを行うに適した「状況設定」、子どもの胸の内にあるものを引き出す「要素」、回答を方向づける「文末表現」だということです。

さて、子どもたちに1学期の目標を書かせたら、私はいつも「ところで…」と切り出し、「ウサギとカメ」の話をもち出します（これは、しつもんメンタル・トレーニングを実践しているインストラクターやトレーナーもよく使う手法です）。物語のサマリーを語ったあとで、次のしつもんです。

ウサギとカメは、それぞれ何を見ていましたか？

子どもたちからは、たとえば次のような意見が出ます。

「カメはウサギに引き離されたので、何も見ていないと思います」
「ウサギはゆっくり景色でも見ていたんじゃないかな」
「カメはとにかく道をまっすぐ見ていたのだと思う」

こうした発言をつなぎながら、子どもたちの視点が次のとらえにシフトするよう導きます。

「ウサギは、カメを見ていました」
「カメは、ゴールを見ていました」

さて、ウサギが見ていたカメは、どのような存在でしょうか。

逆に、カメが見ていたゴールは、どんな存在でしょうか。

子どもたちとの対話が深まるにつれて、次のことが見えてきます。


ウサギにとってカメは、競争相手であるライバル。

カメにとってゴールは、自分が辿り着きたい目標。


ここまでくると、子どもたちの何人かから「あぁ、なるほど」という声が漏れます。

自分よりも足の速いウサギに、なぜカメが勝つことができたのか、その勝因（のひとつ）に気づくのですね。

のそのそ歩きだったとしても、ひたすらゴール（目標）に向かって進みつづけたカメ。

それに対して、カメにしか目がいかないウサギは、カメとの距離を引き離したことで、ゴールにたどり着くという目標を見失い、居眠りしてしまった…。

これもひとつの解釈にすぎませんが、このようなしつもんを通して、目標を立てる意味、自分が立てた目標を見失わない価値について、子どもたちに考えさせる契機とするわけです。

その結果、次のような気づきが、子どもたちのなかで生まれます。

●目標を実現するには、自分に何が必要なのかを意識することが大切であること。
●そのために必要なのは、いますぐに実行できることまで掘り下げて考えること。

この2つの気づきが、子どもたちの行動に（自分の成長につながる）変化をもたらしてくれます。

高学年であれば、何のために「目標」を立てるのか、その「目的」を意識するしつもんを行うこともできます。私は、「3人のレンガ職人」（イソップ寓話）を題材にしています。（ご存知の方も多いかと思いますが）まずは、あらすじから。

中世のとあるヨーロッパの町で旅人が町を歩いていました。

そこに汗をいっぱい流しながら、重たいレンガを運んでは積み、運んでは積みを繰り返しているレンガ職人に出会いました。

旅人は「何をしているのですか?」と尋ねました。

すると、1人目のレンガ職人は、次のように答えました。

「そんなこと、見ればわかるだろう。親方の命令でレンガを運んでいるんだよ。暑くて大変だ。いつまでやればいいんだ。しんどいだけだよ」

しばらく行くと、またレンガ職人に会いました。さきほどの職人よりテキパキと働いているように見えたので、旅人はその人にも同じしつもんをしました。

２人目のレンガ職人は、次のように答えました。

「レンガを積んで壁を作っているんだ。この仕事は大変だけど、お金が稼げるからいい仕事なんだよ」

また、しばらく歩くと、今度はニコニコしながら働いているレンガ職人を見つけました。気になったので、また同じしつもんをします。

３人目のレンガ職人は、次のように答えました。

「レンガを積んで、後世に残る大聖堂を造っているんだ。ここでたくさんの人が祝福を受けたり楽しんだりするんだよ。こんな仕事に就けてとても光栄だよ」

1人目のレンガ職人は「親方からの命令だから仕方なく」、2人目は「お金が稼げるから」、そして3人目は「人の役に立てるから」仕事をしているという逸話です。

どれがよくてどれが悪いわけでは必ずしもありませんが、子ども同士の対話を通して、**「目標」は、それを設定する以前に、何のために**、**そうするのかという「目的」が明確であっ**

てはじめて、意味や意義あるものになることに気づいてくれます。

すなわち、「子どもの成長につなげる」という教師側の意図を、直接的な言葉としてではなく、しつもんや逸話などを通して、子ども自身が「最高の自分になりたい」、そのために「自分を成長させたい」と思う意欲に結びつけるわけですね。このように、目的を意識できるようになれば、自分たちが立てた目標の具体性や実現可能性がより高くなるでしょう。

さて、次の段階です。

たとえどれだけ具体性があって実現可能性の高い目標になっても、とにかく設定さえすれば達成できる、というものではありません。特に、今日、明日の話ではなく、学期間、年度間といった長い期間内で実現をめざす目標であれば、相応のお手当てが必要です。そうでないと、目標を実現しようとする意欲が失われてしまったり（要するに、どうでもよくなってしまったり）、自分が目標を立てたことすら忘れてしまったりするでしょう。

それに対して、〝それでもよい。目標を立てるという取組自体に意味がある〟と考える方もいるかもしれません。〝少なくとも、目標を立てることの大切さは教えられるのだから〟と。

しかし、こうした考え方の裏側には、次のような意識が潜んでいるように、私には感じられます。〝どうせ目標を立てさせたって、子どもは忘れっぽいからなぁ。本当に実行に移せるのは、ひと握りの子どもだけだし…〟と。

このような意識が感じられる意見に出合ったら、私はこう反論します。

「それは、必要な手立てを打っていないからです。しかるべき手立て（しつもん）があれば、子どもはちゃんと目標を実現できるし、成長していけます」

そこで、次の手立て（しつもん）です。

1つ目のしつもんはこれです。

目標を達成できたら、どんなよいことがありますか？

子どもたちからは、こんな意見が返ってきます。

「お母さんとハイタッチして喜んでいる」

「自分の得意なことが、さらに増えている」

「すごくうれしいから、また新しい目標を立てたくなる」

このように、目標というゴールにたどり着いたときの景色がより鮮明になります。

また、ワクワクした気持ちをもつこともできます。

そして、2つ目のしつもんはこれです。

目標に向かう道には、どんな壁がありますか?

自分の前に立ちふさがる障害をイメージさせるしつもんは、自分の内面や過去の出来事に目を向ける契機となります。

たとえば、「来年までにサッカーの地区大会で初優勝する」ことを目標にした子どもであれば、これまで優勝できずにいるわけですから、「なぜ、優勝できずにいるのか」を考えますよね。それは、自分のメンタルの弱さかもしれないし、プレースキルかもしれないし、チームメイトとの連携かもしれない…きっと、自分のなかに手を突っ込んで、ガサガサと引っ張り出しながら、いろいろと考えをめぐらせるでしょう。

そこで、3つ目のしつもんです。

どうやったら、その壁を乗り越えられますか?

2つ目のしつもんで、すでに障害となりそうな事柄をひとつ、ないしは複数イメージしているので、この3つ目のしつもんによって、自分が想定した壁をどうやって乗り越えるのかと、解決策を考えようとするでしょう。これが、目標実現に向かう具体的な道筋（その子なりの仮説）となります。

最後に、4つ目のしつもんです。

目標に向かっていて（続けてみて）、どんな学び（気づき）がありましたか？

これは、自分たちが実践している最中の振り返りに適したしつもんです。自分で想定した壁が適切だったたか（それとは違う壁が立ちはだかってきたか）、自分で考えた解決策は有効だったか（そうでなかった場合にどのような対応をしたか）などを自覚できるようになります。また、目標を再確認する機会にもなります。

課題設定が不適切、またはその解決策が不適切だというのであれば、修正すればよいことです。逆に、うまくいっているのであれば、その成功要因をより自覚化できるでしょう。

この4つ目のしつもんは、月の終わりや週の終わりなど、子どもにとってもわかりやすい節目に行います。ただし、普段の子どもたちの様子を見ていて〝テコ入れが必要だなぁ〟と感じることがあれば、そのつど行います。

さて、ここまで読んでいただいて勘のよい方はお気づきになったかもしれません。しつもんによるここまでの実践、何かに似ていると思いませんか?

そうです。課題（問題）解決学習です。すなわち、学習指導要領が求める学びの姿、子ども自らが自分自身のための課題を設定し、「自ら学び、自ら考え、主体的に判断し、行動し、よりよく問題を解決する資質や能力」（中教審答申より抜粋）を養う姿そのものなのですね。

しかも、「ウサギとカメ」のような逸話などの題材を通して、「自己を見つめ、よりよい生き方」を考える契機としている点で、道徳教育の充実を図っているともいえます。

＊

ここで、もうひとつ挙げておきたいことがあります。それは、学校教育目標です。多くは「知・徳・体」で構成される目標ですが、資質・能力ベースで再編している学校もあるようです。いずれにしても、どの学校でも掲げられるものですが、これがお飾りになってはいないか、ということです。

私の学校では、次を目標に掲げています。

「自ら考え、判断し、行動する子の育成」

私はこの目標を、校内の提案文書だけでなく、学級だより、保護者への配布物にも入れるようにしています。それは、なぜか。私が行おうとしている提案内容が目標と正対しているか、その真意が子どもや保護者に届くかなどを、学校教育目標と照らし合わせながら自分にしつもんをしているのですね。これは、「教師である自分自身も、しつもんを通して目標の実現に向かい続けることが大切だ」という考えから行っていることです。

子どもに対して良質なしつもんをたくさん用意したとしても、教師である自分がいつも「目標倒れ」になってしまうのであれば、どうでしょう。子どもたちに効果的なしつもんをすることができるでしょうか。

そんな状況で、回答を無理強いすれば、教師への不信感につながることだって私はあると思います。素知らぬ顔を決め込んでいても、子どもたちは教師の所作を本当によく見ていますから。

つまり、(しつもんに限らず) **自分を棚に上げて、子どもにばかり求めているうちは、何もよくならない**ということです (私自身も気をつけています)。

「聴く力」を引き出すしつもん

次は、学級の雰囲気づくりのために必要な「聴く力」を引き出すしつもんです。

まず、手はじめに次の2つのやりとりを子どもに見せます（しつもん役の教師を「し」、答え役の子どもや支援の先生を「こ」と表記）。

〈1つ目のやりとり〉

し「おはよう。今日、朝ごはん何食べたの？」

こ「えっと、パンです。パンを食べました」

＊興味深そうに相手を見る。

し「なるほど。私もパン、好きなんだよね。どんなパン？」

こ「食パン！　焼いて食べます」

1つ目のやりとりの様子

＊この間、うんうんとうなずくジェスチャーを入れる。

し「やっぱり焼いて食べるのは最高だよね。飲み物のほうは？」

こ「今日は紅茶でした」

し「へぇ、紅茶か！　パンとよく合うものね！」

〈2つ目のやりとり〉

し「おはよう。今日、朝ごはん何食べたの？」

こ「えっと、パンです。パンを食べました」

＊視線を外す。

し「ふうん。そうなんだ。で、どんなパン？」

こ「食パンです。焼いて…」

＊言い終わらないうちに話題を変える。

2つ目のやりとりの様子

し「私はご飯のほうが好きなんだよね。やっぱり朝は和食がいい。私は味噌汁は飲んだけど、あなたは？」

＊とりあえず聞いてみるという感じで尋ねる。

こ「紅茶を…」

ここで、子どもたちにしつもんです。

この2つの会話を見て、どちらがいいと思いますか？理由も教えてください。

子どもたちからは、こんな発言があります。

「1つ目の会話です。理由は笑顔で聴いているので、話しやすそうに感じたから」

「私は2つ目だって、別に悪くないと思う。態度はよくないと思うけど、機嫌の悪い日だってあるもの。それに、あいさつはちゃんとしているし、相手と会話をしようとしているから」

「でも、やっぱり1つ目のほうがいいよね。そのほうが、答えたいという気持ちになるから。２つ目は、『し』の聴き方が悪いと思う」子どもたちはするどいので、対話を進めるうちに、だんだんと「聴き方が大事なんだ」ということに気づいていきます。その段階で、次の「聴き方のルール」を示します。

●あたたかい気持ちで聞く（すべてを受け入れる）。
●相手の目を見て聞く。
●うなずきながら興味深そうに聞く。

次に、「しつもんサイコロトーク・ゲーム」を行い、実践的に「聴き方」を学んでいきます。ゲームの手順は、次頁の**資料1**のとおり。

最初のうちは、話し手と「聴き方のルール」を交互に見たり、同じグループの子どもの「聴き方」が気になってキョロキョロするなど、なかなか話し手の話に集中できないかもしれません。

しかし、いい「聴き方」ができている子どもがいれば、「Aグループは友達の話に笑顔でうなずいていて、いいですね」などと価値づけながら、さりげなくモデルを示すうちに、だんだんと慣れてきます。

資料1　しつもんサイコロトーク・ゲーム

■準備物

●サイコロの目の数としつもんが書いているカード（2種類）をグループの数だけ用意する（模造紙に書いて黒板に貼るのでもよい）。

●サイコロをグループの数だけ用意する。

■やり方

①3～4人で1グループになる。

②サイコロを転がして出た目のしつもんに対して話す。

〈しつもん例①〉　＊しつもん例②は省略

⚀ 将来の夢は何ですか？

⚁ 何でも叶えられるとしたら何をしてみたいですか？

⚂ クラスのいいところはどんなところですか？

⚃ 宝物は何ですか？

⚄ 行ってみたいところは？　それはなぜですか？

⚅ 漢字が覚えられません。どうしたらいいですか？

④聴き手は、「聴き方のルール」を意識しながら聴く。

⑤サイコロの目の「しつもん」への答えが、考えても思い浮かばないときは「わからない」と言ってパスする。後で思い浮かんだら、そのときに話してもよい。

⑥グループで一巡したら、次のカードのしつもんにチャレンジする。2巡したら終了。

すると、次第に前のめりになる、話が終わった後に拍手が起きる、「そうそう」と言いながら楽しそうに机を叩く、屈託のない笑いが起きるといった、ルールにはない子どもらしい「聴き方」も生まれてきます。

さて、グループで話が二巡し、ゲームを終えたら、次のしつもんです。

今日、このゲームをしてみて、どんなことを学びましたか？

すると、こんな発言が生まれます。

「聴いてもらえると、とても話しやすいことがわかりました」

「話す話題があると、たくさん話せることがわかりました」

「聴いてくれる人がいると、話をするのが楽しいと思いました」

子どもたちからの発言から、一人一人のあたたかな気持ちが読み取れるかと思います。

そこで、今度は次のしつもんです。

どうして、そんなによい学びができたのだと思いますか？

「クラスに友達がいてくれたからだと思います」

「聴くということを大切にしたいからです」

「みんなが笑顔になったので、いい雰囲気になったからです」

今度は、友達がいることのよさ、聴くことの大切さへの気づきが子どものなかで生まれていることがわかりますね。このように、ゲームとしつもんを組み合わせることで、子どもたちの「聴く力」が高まっていきます。

すると、（「聴く力」の高まりと並行して）学級の雰囲気があたたかくなっていきます。きっと、しつもんを通して気持ちがほっこりするからでしょう。しばらくすると、その気持ちをまた味わいたくなって、「先生、今日しつもんサイコロやりたい」という声が上がったりします。

また、このゲームは、学級づくりだけでなく、さまざまな場面で行うことができます。しかも、すべきことは6つのしつもんの内容を変えるだけ。たとえば、学校行事（宿泊学習）であれば、活動の振り返り用に、次のしつもんを用意します。

⚀ 宿泊学習で一番の思い出は何ですか？　その理由も教えてください。
⚁ 野外炊事のとき、活躍していた人は誰ですか？

⚂ 宿泊学習で困ったことは、どんなことでしたか？
⚃ もう1回行くとしたら、今度はどんなことをしてみたいですか？
⚄ 協力できたことは、どんなことでしたか？
⚅ 宿泊学習を「漢字一文字」で表すとしたら、どんな漢字にしますか？

これは、高学年バージョンですが、6の目が出ると、興味深い光景を目にすることができます。

慌ててノートを引っ張り出してきて、いろいろな漢字を書き出す子、「あれっ、あれっ、あの漢字、どう書くんだっけ？」と言いながら辞書をめくり出す子、教科書を開いて自分の気持ちに近い漢字を探しはじめる子など、本当にさまざまです。でも、共通することもあります。それは、みんな真剣そのもの。

普段、いくら指示しても、なかなか辞書を引こうとしない子どもが、「先生、辞書使ってもいいですか？」などと聞いてくるものだから、思わず微笑んでしまいます。

そんな子どもたちの様子を見ながら、「辞書って便利だね」「さすが教科書やね。いい漢字が載ってる」などと、子どもの活動を価値づければ、指示いらずの漢字学習の場が成立するということですね。

その後、「では、みなさんが話したり書いた漢字を使って、作文にまとめましょう」と振れば、個性豊かな作文ができ上がる確度も上がるでしょう。

また、このゲームのよさは、ほかにもあります。（教師にやれと言われたからやるような）やらされ感がないことです。だから、盛り上がるし、学級の雰囲気もよくなるわけです。

そもそも、心地よいと感じられる場で、自分の話を興味深く聴いてもらえる環境でさえあれば、子どもは本当に多くのことを話してくれるようになります。ときには、自分の抱えている悩みや家庭の裏事情まで…。

蛇足ですが、保護者との個人面談などの場で、「Aさんから聞いた、あのことについてなのですが…」などと切り出すと、「もう！　先生にはなんでも言うてはるんですね。恥ずかしいわぁ！」などと言って、和気あいあいとした雰囲気が生まれることもあります。

発言したくなるしつもん

ここまで紹介してきたしつもんを実践するだけでも、子どもたちは、自分の考えを言葉にすることに、少しずつためらいを感じなくなっていきます。

しかしそれでも、みんなの前に立って発表する段になると、思うように自分の考えを言葉にできなかったり（言いたいことを忘れてしまったり）、〝本当にそう思っているのかな？〟と疑問に感じる優等生的な発言になってしまったりします。この全体での子どもたちの発言を増やすのは、なかなか手ごわいですよね。

そもそも、全体の場になると、子どもはなぜ自分の考えを発表しようとしなくなるのでしょう。私は次のように考えています。

- みんなの前だと緊張してしまう。恥ずかしい。
- 間違ったらどうしようと、失敗のほうが先に立つ。
- 発表の仕方がわからない。
- みんなの前で言うほどのことかと、自分の考えに自信がもてない。
- 勇気を出して発表しても、先生や友達に認めてもらえるか心配。
- そもそも、先生のしつもんの意味がわからない。

最後の「先生のしつもんの意味がわからない」が理由だとしたら、教師にとってはつらいところです。ただ、しつもんされたことがわからないのであれば、いつまで経っても発言は増えません。そんなときは一問一答です。

一問一答は、「子どもの多様な思考が育たない」という理由で、タブー視されることが多い手法です。しかし、私は使い方次第だと思っています。短所を踏まえながら長所を生かせるのであれば、一問一答も十分に使える指導技術のひとつです。

では、「教師のしつもんの意味はわかっているのだけど…発言できない（したくない）」という場合にはどうでしょう。そんなときは、発言を引き出すことに目を向けるのではなく、しつもんのハードルを下げることです。子どもたちが「それなら答えられそう」と思えるしつもんにするということですね。

そこで、こんなしつもんは、いかがでしょうか。

もし、学校で何をしてもいいと言われたら、何がしたいですか？

このしつもんを行うと、子どもたちは一瞬「えっ！（〝そんなこと、いいの？〟）」という反応をします。それに対して「いいから、いいから、何でも思いついたことをグループで出し合ってみて」と促します。すると、どの子もニコニコ顔で言いたい放題タイムとなります。

その間、私のほうは、「発言できない（したくない）」子どもの観察です。グループ内での発言をメモします。グループでの意見の出し合いが終わったら、全体での発表です。

子どもたちからは、実際にこんな発言がありました。

「遊園地をつくって、みんなで毎日遊びたい」

「校庭をぜんぶ芝生にしてサッカーがしたい」

「ゲーム大会もしたいね」

「電子黒板の大画面でアクションゲームがやりたい」

「授業時間と休み時間を入れ替えたい。1時間目からぜんぶ遊びで、授業は5分休みと昼休み！」

「給食は、食べ放題のバイキングがいいなぁ」

それこそフルパワーで発言してくれます。普段は発言しない子どもも、およそ発言してくれます。

ただ、それでも発言しないこともあります。そんなときは、このしつもんです。


Aさんと同じような考えの人、いますか？

↓グループ活動中のメモで、発言しない子の考えと同じであることを知っている。

普段は「発言できない（したくない）」子どもも、自分の考えを誰かに伝えたいという思いを隠しもっています。ここまでお膳立てをすれば、ハツカネズミが巣穴から顔を出すみたいに手を挙げてくれます。

ほかにも、直球で発言を求める方法もあります。「Bくんは、グループでとてもおもしろいことを言っていたよね。みんなに教えてあげて」など。

ひととおり発言が出たら、「みんなの考え、どれもおもしろかったよ」と言って場を締めます。加えて「ただ、どれも学校ではできそうにないなぁ」などと、とぼけた調子でつぶやけば、子どもたちからのブーイングと笑い声に教室が包まれます。

さて、このしつもんの真意は、（単に発言できない子どもへの対応だけではなく）実は別にあります。それは、（しつもん全般に言えることですが）子どもたちの夢中になりたいことや思いを引き出すこと、すなわち、**無意識下にあって自覚していないものを顕在化することにある**のです。

では、授業の場面ではどうでしょう。きっと、先のしつもんのように、ただ投げかければ子どもたちからたくさんの発言が生まれるというものではないと思います。そこで、授業を想定したしつもんを行うときには、子どもたちからどのような発言があるかを、あらかじめ想定しておくことが大切です。（教科や地域によって様式は違うと思いますが）指導案などに「予想される子どもの反応例」を書きますよね。しつもんにおいても、授業と同じです。この反応例をイメージできていないと、子どもの発言ごとに的確な合いの手を入れることができません。

みんなの前だと緊張してしまうという反応が予想されるなら、「そばに行って横に立ち、一緒に発言するようにする」、自分の考えに自信がもてないという反応が予想されるなら、先ほどのように、事前にグループでの意見を把握しておくことや、全体発表などでの場では「とても大事なことを言ってくれたね」など、発言の後に前向きなフィードバックを行うといった対応策も練っておきます。

「聴き方」を身につけている子どもたちであれば、このような対応で、全体の場で発言できる子どもが増えていきます。

この段階まで来ると、今度は多くの子どもが、みんなの前で発言したくてたまらない、ウズウズした表情を教師に向けるようになります。これもひとつの教師冥利ですね。教師としてはワクワクするような反応です。そして、この子どものウズウズと、教師のワクワクが合わされば、学級の雰囲気をよりよくするスパイラルが加速します。

「書く力」を引き出すしつもん

本書を執筆している私ですが、子どものころは書くのが大の苦手、苦痛以外の何ものでもありませんでした。卒業文集を読み返すと、顔から火が出るくらいです（ひどいんですよ、本当に…）。作文力を高める教材の悪例として、実際の授業で使うことがあるほどです。「こんな書き方はだめですよ」と。

そんな私がどうやって苦手意識を克服したのか。あるいは、書くのが苦痛どころか、楽しくさえなったのか。それは「観察」の重要性に気づいたからです。もうとにかく、よく見て気づくことなのです。

かつての私は、どう書けばいいか以前に、何を書けばいいかがわかりませんでした。それが、周囲の出来事をよく観察して、おもしろいと感じたこと、楽しいと感じたこと、いやだなと感じたこと、そしてそれらの感情を前後してどんな出来事があったのかなどを振り返るようにしてみたのです。そうしたら、拍子抜けするくらいにあっさり、苦手意識が消えてしまいました。

そもそも、作文する話題はそこら中に転がっています。かつての私のように書くのが苦手な子は、それが作文のネタになることに気づいていないか、たとえ気づいていても重視していないのです。

そこで、次のしつもんです。まず、黒板に次の一文を書きます。

「友達と遊びました」

そして、このしつもんです。

この一文から、どんなことがわかりますか？

子どもたちからは、次のような発言があります。

「キャッチボール、してたのかなぁ…」

「楽しかったんじゃない？」

「2人で遊んだのかな？　それとも、もっとたくさん？」

いずれも、絞り出すような発言で、みんなの顔が曇っています。〝先生、私たちに何をやらせようとしているのか〟と訝《いぶか》しげです。

それもそのはず。こんな一文からわかることなんて何もないからです。右の発言のように、何とか想像してみたことを口にするので精一杯ですよね。

実を言うと、この一文が作文の苦手な子どもの特徴です。このようにしか書くことができないから、「あれした」「これした」と羅列してみるのだけど、すぐに書けることがなくなって、手が止まってしまうのです。

書けない理由のひとつとして、語彙量の少なさが挙げられることがあります。しかし、私は、いくら語彙が増えても、書けるようにはならないと思います。なぜなら、自分不在だからです。

文章のうまさというと、意外な視点、豊富な語彙による巧みな表現、構成のすばらしさなどをイメージされる方が多いと思います。しかし、それは、ある出来事に対して自分が感じ考えたこと、表現したいことがあってはじめてできるデコレーションです。

逆に言えば、自分が表現したいことを文章という形にできれば、文章の巧みさの有無にかかわらず、苦手意識を払拭できるということですね。さらに裏返せば、**「自分の表現したいこと」は、自分のなかにしか存在しない**ということです。

つまり、自分のなかにあるものを引っ張り出せるようになることが最優先だということですね。ここに（上述した）観察を通して、自分が感じ考えたことを振り返られるようにすることの重要性があります。では、自分のなかにある（自覚化されていない）何かを、どうすれば子ども自身が引き出せるようになるのでしょう。

そこで、次のしつもんです。

まず、黒板に書いた「友達と遊びました」という一文をノートに書かせます。その後、最近友達と遊んだことを思い出してもらいながらしつもんします。

何人の友達と遊びましたか？

「4人です」
「わたしも同じ。4人です」

などと、自分が思いだした遊びを思い返して発言してくれるでしょう。この人数を先の一文の脇に書きます。これに続けて、別のしつもんをし、そのたびに自分の答えをノートに書くようにします。

遊んだのはいつですか？

［反応例］昨日です。

どんなことをして遊びましたか？

［反応例］サッカーです。

場所はどこですか？

［反応例］近所の公園です。

道具は使いましたか？　それはどんな道具ですか？

［反応例］使いました。ボールです。

遊んでいる間、どんな気持ちでしたか？

［反応例］すごく楽しかったです。

友達はどんなことを言っていましたか？

［反応例］「うまくなったんじゃない？」と言ってくれました。

友達が言ったことをどう思いましたか？

［反応例］すごくうれしくて、もっといっぱい練習しようと思いました。

いかがでしょう。反応例を並べるだけでも、「何を」「どこで」「いつ」したのかがわかる、とりあえずの文章になりますね。あとは、個々の一文を組み合わせたり入れ替えたりする技術さえ身につければ、立派な文章になります。語彙を増やすのは、この先の段階だということですね（語彙をはじめとして、最初から覚えさせられることばかりであれば、書くのがもっと嫌いになるだけです）。

　こうしたことからもわかるように、書くのが苦手な子は、「書けない」のではなく、「書けること」に気づいていないだけなのです。だから、気づけるようにするしつもんをすればいいということですね。

「朝起きて、夜寝た」に代表されるように、一文しか書けない子どもはけっこういます。ぜひ、しつもんによってその子のなかにあるものを深掘りしながら、記憶の周辺に点在する出来事や動きを書かせるようにしてみてください。

以前、書くことが苦手だった子が、この方法を行ってしばらく経ったころ、突然「自分は書くのが好きなんだ」と言い出したときは、思わず吹き出しそうになりました。そして、そんな場面に遭遇したのは、一度や二度ではありません。

それともうひとつ、文章を構成するための技術を高めるしつもんも紹介します。

はじめて○○ができてうれしかったとき、どんなことをしていましたか？

子どもからは、たとえばこんな発言があるでしょう。

「そういえば、帰り道に鼻歌を歌っていたな」

「ガッツポーズした」

「やったぁ！と叫んでいたかな」

「みんなで肩を抱き合ったかなぁ」

いずれも、そのときの自分の動きです。そこで、「その発言を文章に取り入れてみたら？」とアドバイスすれば、たとえばこんな一文を書いてくれる子どもが現れます。


試合に勝った日の帰り道、思わず鼻歌を歌っていました。


この一文を読んだ方は、〝あぁ、鼻歌を歌うぐらいうれしかったんだな〟と、文章を書いた子どもの気持ちに寄り添うような受け止めをしてくれるでしょう。

そもそも、子どもはよくこんな文章を書きませんか？

「試合に勝って、うれしかったです」

「友達と遊んで、楽しかったです」

こうした一文が悪いわけではありません。ただ、〝文末には自分の気持ちを書けばいい〟と思い込んでしまうと、それが定石となり、その子の文章の可能性を縛ってしまうのです。

そうではなく、気持ちを書くことのほうを縛れば、先の例のような豊かな表現になります。そんな技法を無理なく学ばせるしつもんだったわけですね。

さて、高学年ぐらいになると、描写も意識できるようになってきます。そのようなときは、次のしつもんです。

そのとき、どんな天気でしたか？
どんな景色が目にうつりましたか？

すると、こんなことを書き出す子どもも生まれます。

熱く燃えさかるキャンプファイヤーの火は消すことになってしまったが、私たちの友情の火は消えることなく熱く燃え続けている。

すごくないですか。これを書いたのは小学校5年生です。ドラマや小説などで似たような表現を知っていたのかもしれませんが、それでも実際にこう書いたことに対して、私は本当にすごいと思いました。

というように、感性豊かに書けるようになってくるのですから、不思議なものです。

＊

最後は、書く力を引き出すにあたって、知っておくとよい（と私が考える）留意点を補足的に紹介します。

●相手に伝えるために書く。

［文例］（×）学校に行きました。

↓どうやって行ったのか相手に伝わるようにする。学校来るまでに気づいたことを振り返る。何人で？　どんな道を通って？　どんな眺めで？　どんな人たちとすれ違った？　どんなことを考えながら歩いた？　走った？　などなど

●慣れるまでは、時系列で書く。

●いきなり結果を書かない。「3対3で勝ちました」「給食を食べました」「この問題の答えは○○です」といったように、いきなり結果を書いてしまうと文が続かない。

作文は答えではなく、過程が大切（これって、生き方も一緒かもしれませんね）。

●文章を区切る。

↓複数の要素が入った1文はわかりにくい。長くても3行（60字程度）まで。

●なるべく文末表現を感想にしない。

[文例]（△）うれしかったです。（○）思わず鼻歌を歌ってしまった。

↓事実（動き）を言葉にすることで、情景から気持ちが伝わる。

●慣れてきたら過去・現在・過去の三拍子で書くとテンポが生まれる。

[文例]（○）持久走がスタートした（過去）。走る（現在）。汗がでてきた（過去）。走る（現在）。最初のコーナーを曲がった（過去）。

●セリフから書き出しをはじめてみる。

●描写（その気持ちのときどんな行動をとったのか。景色や事象で気持ちを表す）

[文例]（○）夕日が真っ赤に燃えているようだった。雲ひとつない青空がとてもきれいだった。

●宿泊学習等の作文では、しおりの日程表を羅列することのないように留意する。

[文例]（×）1日目～をしました。2日目は○○です。楽しかったです。

↓しおりの日程表の一部分（しおりに載っていないところ）に焦点を当てて書くのもよい（キャンプファイヤーや野外炊事などの部分にフォーカス）。

●題名は最後に書く

↓こだわりが生まれる。

教師や子どもがよいと思った表現は、ほかの子どもたちにどんどんシェアし、「自分もいいと思ったら、まねてみよう」と促します。

「学ぶ」は「まねぶ」。まねることも、まねられることも学びです。そう伝えておけば、どの子も安心してまねることができるようになります。

発見を楽しむしつもん

教科書に掲載している写真やイラストは、学習を進めるうえでの発見や驚きの宝庫。社会科であれば、特定の写真やイラストにフォーカスして学び合うだけでも学習問題を設定できるほどです。

これは、道徳でも同様です。場面絵に着目することで想像を膨らませ、主人公の思いへの共感につなげることができるからです。算数であれば、場面絵をどう生かすかを考えるだけでも、立派な教材研究になります。

さて、こうしたことを踏まえ、ここでは、**資料2**（草々庵の殿村栄一さんに提供いただいた）を題材として、「発見することを楽しむ」（子どもの気づきの質を高める）しつもんを紹介します。

資料2

子どもたちには、まずこの絵に注目させた後、次のしつもんです。

この絵から、どんなことに気づきますか？

子どもたちからは、こんな発言がありました。


「宝の船だ！　七福神だ！」

「釣りをしている人がいる」

「海の上です」

「ネズミが帆のてっぺんにいます」

「船が窮屈そうなのに楽しんでいる」

「お金が降ってきています」

「女の人が一人います」

「来ている服の色がみんな違います」

「船が朱色です」

「波が穏やかなのかな」

「船酔いが気になります」

「槍をもっている人がいます」
「小槌をもっている人もいます」

もし、しつもんひとつでこれだけの発言が生まれたら、本当にすごいです。それだけでも活発な学級であることがわかります。ただ、しつもんをはじめて間もないころであれば、これほどバシバシ発言が出ることはないと思います。

そこで、子どもの発言の様子を垣間見ながら、必要に応じて次のしつもんを加えます。これらは、題材となる写真やイラストを見る視点を提供し、最初のしつもんに対する考えを見いだしやすくするためのしつもんです。

どうして、楽しそうにしているのでしょう？
この絵の好きなところは？　または嫌いなところは？
この絵の１分後、どうなっていると思いますか？
もしこの絵に宝という字がなかったら、どう感じますか？
「あっ」と思ったところは、どこですか？

ここで大切なことは、（どのしつもんにも言えることですが）子どものどんな発言もおもしろがることです。そうすれば、「この子の発言をもっと深掘りしたい」「ほかの子どもの発言も聞いてみたい」という思いが自然と膨らみます。子どものほうも、自分たちの発言に興味をもってくれていると感じ取るので、「ほかに、何か言えることはないかな」「もっと発言したい」という思いが膨らみます。だから、しつもんも増えるし、子どもの発言も増えるのです。

それともうひとつ、（第1章で紹介した）「しつもんの3つのルール」を徹底することです。そうすることで、自分の考えを発表することへの抵抗感を減じることができます。とても大切なルールなので再掲します。

①出てきた答えはすべて正解
②「わからない」も正解
③出てきた意見はすべて認め合う

ちょっとした絵ひとつであっても、しつもん次第で多様な発言、多様な解釈が生まれ、それぞれの発言が、あぶくのように生まれては消えるのではなく、それぞれ影響を与え合って、新たな発見につながるのです。

言い換えれば、友達の発言を通して、自分では気づかなかった「見方・考え方」に気づき、この気づきの質が高まることで、自身の成長につながっていく、ということですね。まさに、**「しつもんメンタルトレーニング」の神髄は、「見えなかったものを見えるようにすること」（無意識を意識化すること）にある**ことがわかります。

ちなみに、先の補足のしつもんのひとつ「この絵の1分後、どうなっていると思いますか?」というしつもんに対しては、「さらにこっちに向かってきている」「私たちにも福を届けにきてくれる」といった発言をする子どもが出てきます。

そのタイミングをねらって、「まさに福が自分たちに向かって来ていますね。それが、宝船を『入船』と言う理由です」などと伝えると、子どもたちからは「おぉぉぉぉお」という声が上がります。

さて、私の実践では殿村栄一さんの描いた絵に着目させましたが、この絵の上の1文のほうに着目させて「発見を楽しむしつもん」を行うこともできます。

1文は、これです。

長き夜の　疾《と》うの眠りの　皆目覚め　波乗り船の　音の佳《よ》き哉

そして、しつもんです。

この1文をひらがなにしたら、どんなふうに読めるでしょう？
いろいろな読み方にチャレンジしてみてください。

現代の子どもたちにはむずかしいかもしれませんが、戦前の子どもたちだったら、見事発見してくれるかもしれませんね。なにせ、昭和初期の少年少女の読み物や雑誌などには、言葉で遊ぶこうした文が、謎解きコラムのひとつとして掲載されていたそうですから。

さて、みなさんはどうでしょう。この1文にどんなトリックが隠れているか、お気づきになりましたか？

そう、答えは回文です。すべてひらがなにして、（多少の濁音の操作が必要ですが）逆さから読んでみたら？

昔の人の遊び心は、すばらしいと思います。学習する楽しさは、本来であれば、こんなユーモラスな遊び心に支えられるものなのではないでしょうか。回文に限らず、ぜひ、授業の場などでも取り入れたい感性ですよね。

＊

「気づく」という行為は、自分で決定したことを主体的に実践する入り口です。そのおもしろさや楽しさを伝えるだけのためにでも、こうした実践を挟むことをオススメします。学級づくりはもとより、授業においても効いてくるからです。（教科によって、とらえは異なるとは思いますが）子ども一人一人の考えをもちよって、広げたり深めたりしながら新しい概念を獲得していく。これが、学校教育が求める真の学びの姿なのですから。

相手意識をもてるようにするしつもん

「相手を知る」ことは、人間関係を構築するうえで欠かせない要素です。これは、子ども同士の関係においても同様です。そこで、ここでは、ゲームを使ったしつもんを紹介します。

まず紹介するのは、「しつもん私は何でしょうゲーム」です。進め方は、次のとおり。

①2人1組になって、一方はしつもんする役（A）、もう一方は回答する役になります（B）。

②B役は、「物」か「人」を想像する（たとえば、キリン、ハサミ、お母さんなど、B役も知っているものにする）。

③A役は、まず「それは、物ですか？　それとも人ですか？」というしつもんからはじめる（約束事として「あなたが想像していることは何ですか？」というしつもんは、当然のことながらNG）。

④B役は、A役が指定したしつもんの様式で答える（たとえば、「イエス」か「ノー」の2択、いくつかの選択肢から選択、B役が想像したものに付随するイメージを言葉にする、など）。

⑤1分経ったら終了。A役が考えたことが正しいか、答え合わせをする。

⑥今度は、役を入れ替えてスタート。

実際にやってみると、なかなかやりごたえがあり、盛り上がるゲームです。しつもんメンタルトレーニングについて学び合う教師向けの校内研修で行ってもそうです（わざわざ他校からやって来て参加する方もいます）。

さて、実際に実践してみると、最初のうちはなかなか正解できないことに気づくと思います。その理由は、しつもんの仕方にあります。そこでここでは、**資料3**に基づきながら説明していきます。

A役が正確できなかった場合のしつもんは、「スピード・クエスチョン」となっている

資料3　しつもん（クエスチョン）の種類

種類	特徴	活用場面
スピード・クエスチョン（制限式質問）	イエスかノー。	情報を引き出す。
	情報の断片を引き出す。	同意を求める。
	事実を引き出す。	話を元に戻す。
セレクト・クエスチョン（選択式質問）	選択肢の中から選ぶ。	速く回答を求める。
	答えやすい。	決断の練習。
	相手に選択肢を与える。	限定された選択肢
アイディア・クエスチョン（自由回答式質問）	相手の思考を促す。	思考を促す。
	相手から考えを引き出す。	意見の交換
	お互いにアイデアを交換する。	お互いを知り合う。

ことが多いと思います。「イエス」か「ノー」の2択は、B役としては答えやすいし、「イエス」を積み重ねられれば的は絞られてくるのですが、何をしつもんしても「ノー」だと、すぐに行き詰ってしまうからです。「セレクト・クエスチョン」であれば、複数の選択肢を提示できるので、正解に近づく確度は上がります。しかし、いい選択肢を挙げられないと行き詰ってしまう点では、「スピード・クエスチョン」と変わりません。

これに対して、「アイディア・クエスチョン」は、A役が選択肢を提示してB役に選ばせるのではなく、たとえば「あなたは何をしている人ですか?」としつもんするなど、回答内容をB役に考えさせる方法です。

もちろん、B役としては、正解をそのまま言うわけにはいかないし、そうかといって正解とまったく関係のないことを言うわけにもいきませんから、正解に近づく（はずの）回答をしてくれます。つまり、的外れのしつもんによる行き詰まりを回避できるということですね。

また、この「アイディア・クエスチョン」だと、「イエス」や「ノー」といった単語で会話が終わることはなく、たくさん話をしてくれるので、B役の人のさまざまな考えを聴くことができます。ここに、お互いを笑顔にする「相手意識」が生まれるのです。

参加者のそんな様子を見ながら、今度は「相手のことをよく知るためのアイディア・クエスチョンを考えてみよう」ともちかければ、みな楽しそうにあれこれ考えては、お互いにしつもんするようになります。

さて、ここまでがウォーミングアップです。慣れてきたら、今度は「しつもんインタビューゲーム」です。子ども同士がしつもんし合うゲームで、たとえば、次のようなしつもんを交わします。


あなたが好きな○○は、何ですか？

どうして、好きなのですか？

どんなところが、好きですか？

これから、どうしていきたいですか？

何か手伝ってほしいことは、ありますか？
友達を大切にするには、何が必要だと思いますか？

しつもんし合うペアをどんどん変えながら、友達のことをいっぱい知ることができるようにしていきます。

このとき、気をつけておくこともあります。それは、ただ闇雲に、「相手のことをよく知るために、お互いにしつもんし合ってください」と指示するだけでは、ちっとも盛り上がらないということです。このゲームが盛り上がる肝は、「しつもん私は何でしょうゲーム」を通して、「相手のことをもっとよく知りたい」「それはおもしろくて楽しいことだ」という意識が芽生えたところで行うことにあるわけですね。

柔軟な思考を引き出すしつもん

柔軟な思考を引き出す手立てのひとつに、「プライミング効果」があります。これは、先行する刺激（プライマー）によって、後の刺激（ターゲット）の処理が促進（あるいは抑制）されるという効果です。つまり、事前の情報いかんで判断が左右されるということですね。

この判断のプロセスには、「直感的なプロセス」と「意識的に考えるプロセス」があります。

1 「直感的なプロセス」を経る柔軟な思考

まず、郵便ポストを思い描いてみてください。

色や形までイメージできましたか？　イメージできたら、**資料4**を見てみましょう。

どれも奇抜な郵便ポストばかりですね。このようなポストを思い浮かべた方は、まぁ、いらっしゃらないでしょう（宇治市に住んでいる方であれば「e」を、最近上野動物園に行った方は「g」を思い浮かべたかもしれませんが…）。

ひと口に郵便ポストといっても、いろいろな色や形があるわけですね。

このように、自分の思い描いたイメージとのギャップをつくることによって、（郵便ポストとはこういうものだという）思い込みをいったんリセットし、次の取組を行ううえでの思考を柔軟にするのが、「直感的なプロセス」です。

2 「意識的に考えるプロセス」を経る柔軟な思考

まず、**資料5**を見てもらい、このしつもんです。

資料4　郵便ポスト

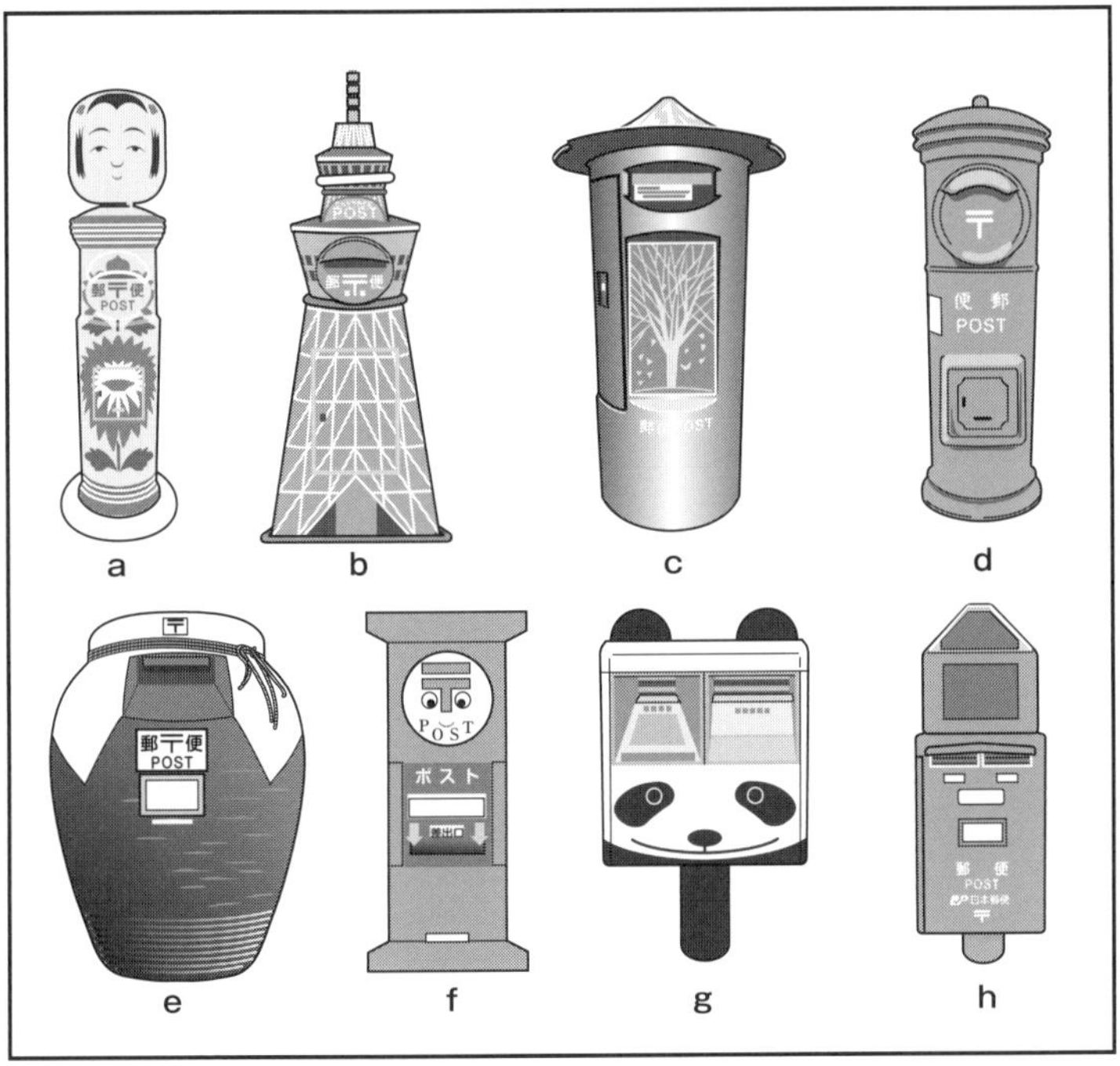

資料5

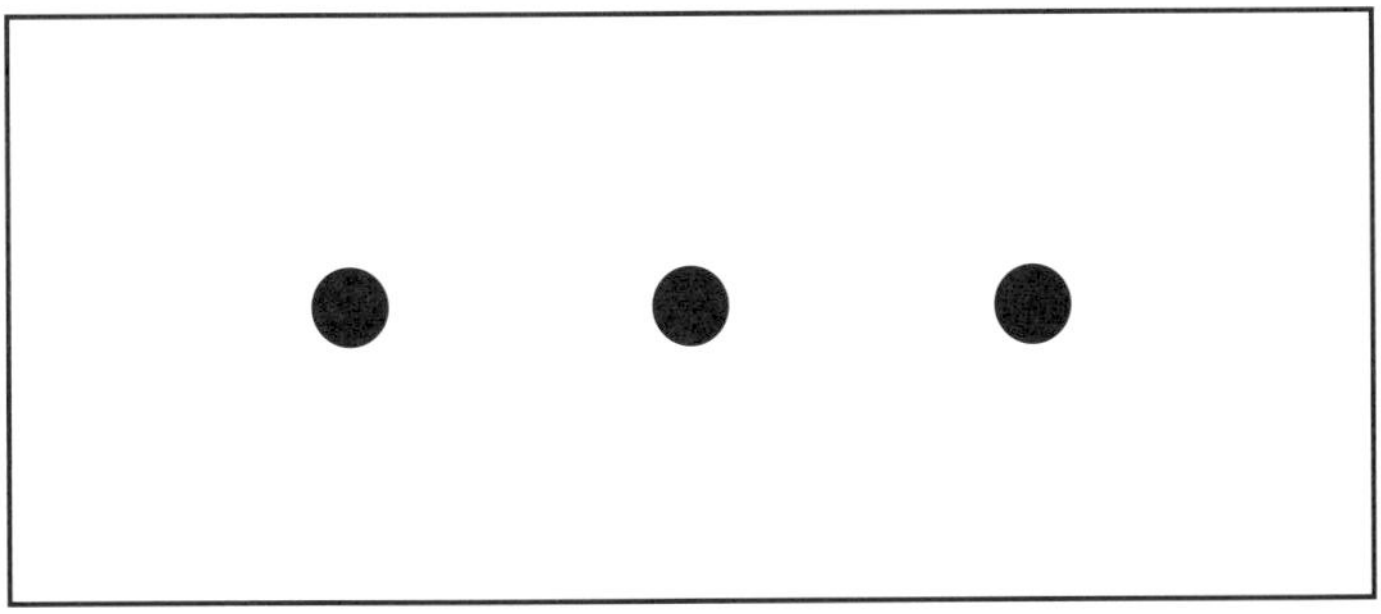

紙から一度も離さずに、等間隔で３つの点を書くには、どうしたらいいでしょう。

みなさんは、どのように書くでしょうか？　ちょっと考えてみてください。

さて、ここで、子どもが考え出した方法を３つ紹介します（資料6〜8）。

いずれも、子どもたちらしい試行錯誤が見られるとんちの効いた方法ですよね。これは、紙からペンを離してはいけないという制約があること、それ以外は自由であることが、子どもの意欲を引き出し、豊かな発想につながっていったのだと思います。

「えぇ！　そんなこともしていいんだ！」

「なるほど！　わかった」

など、子どもたちは大盛り上がり。

このような「意識的に考えるプロセス」も活用できると、さらに柔軟な思考を引き出すことができます。

資料6　ノックペン式のボールペンで描く方法

① 1つめの点を描く

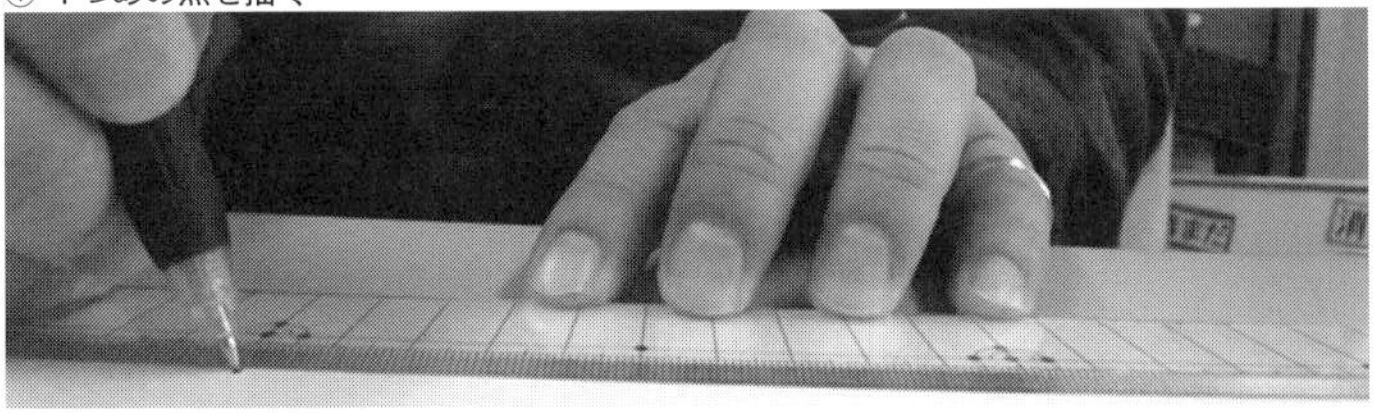

② ノックペン先を収納する

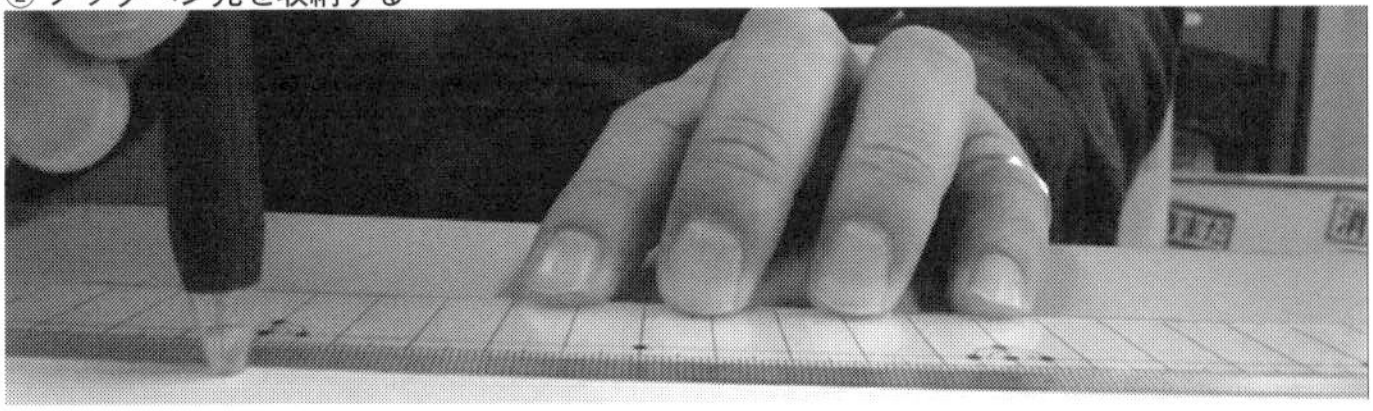

③ 定規に沿って、2つめの点を描く位置までペンをスライドさせる

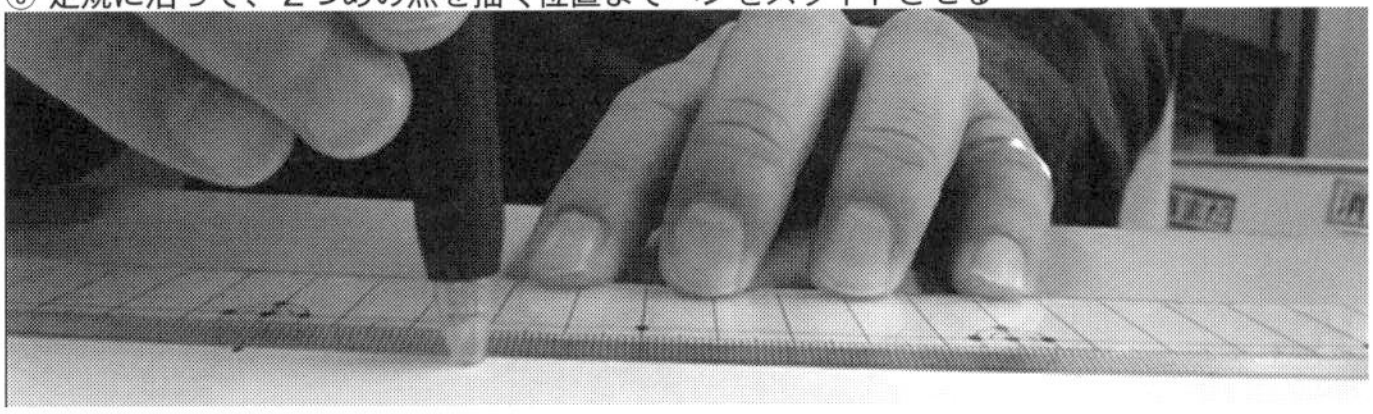

④ 2つめの位置でペン先を出して点を描く

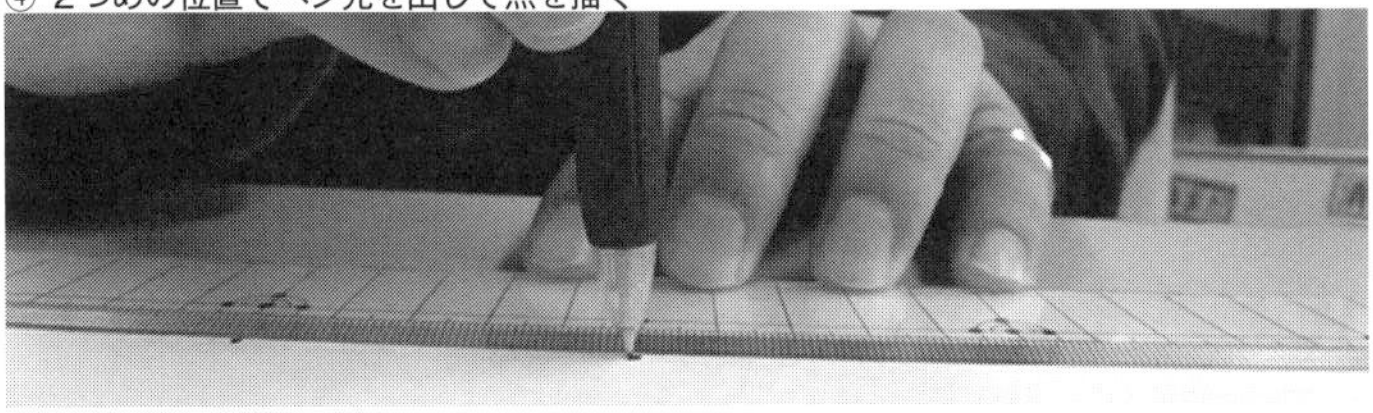

⑤ ②~④までの工程で3つめの点を描く

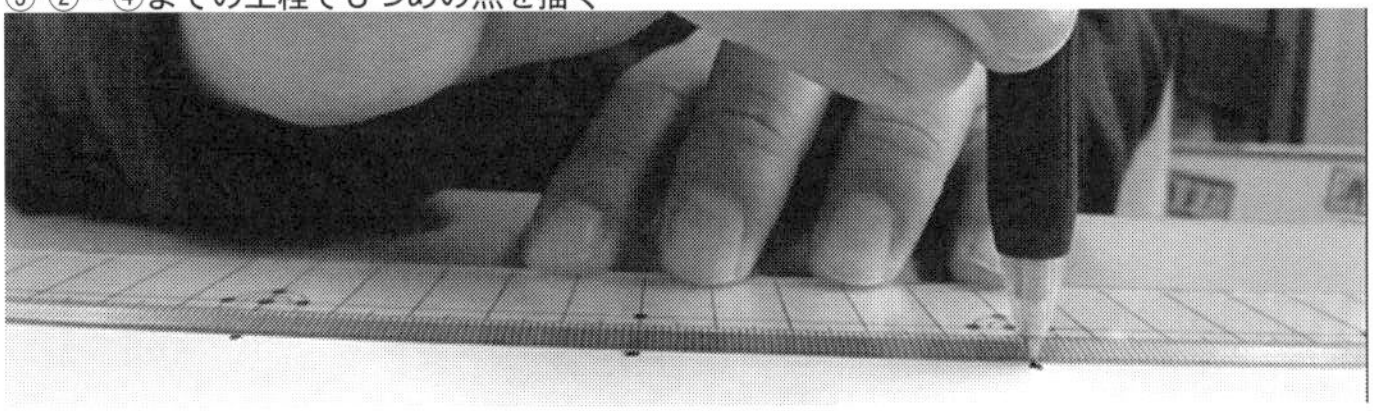

資料７　紙を折って描く方法

① 紙を二つ折りにする

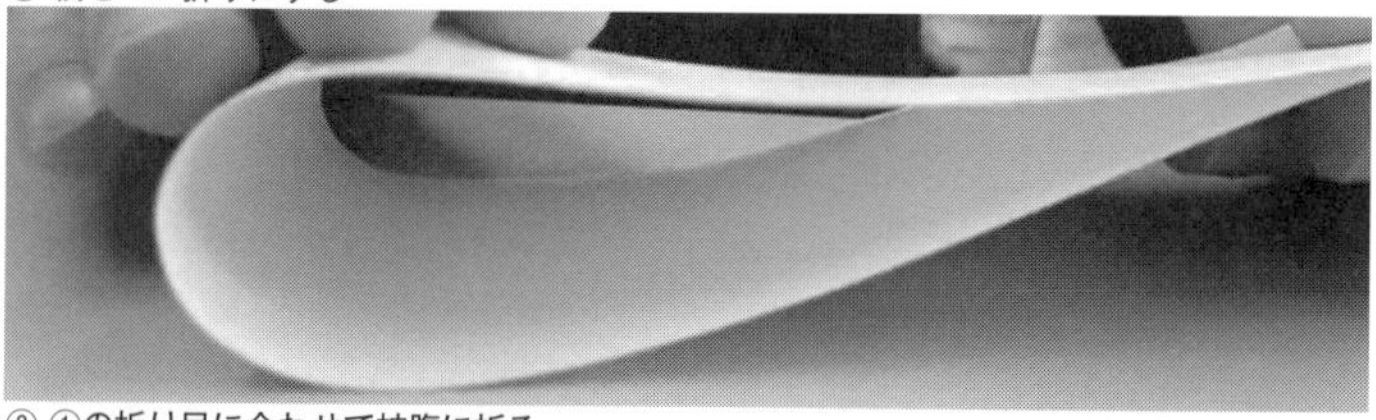

② ①の折り目に合わせて蛇腹に折る

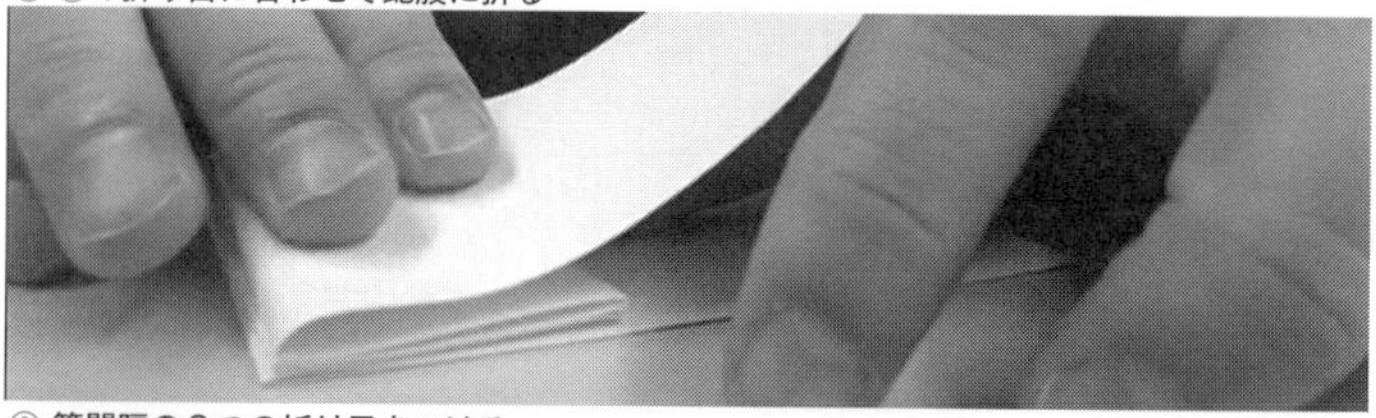

③ 等間隔の３つの折り目をつける

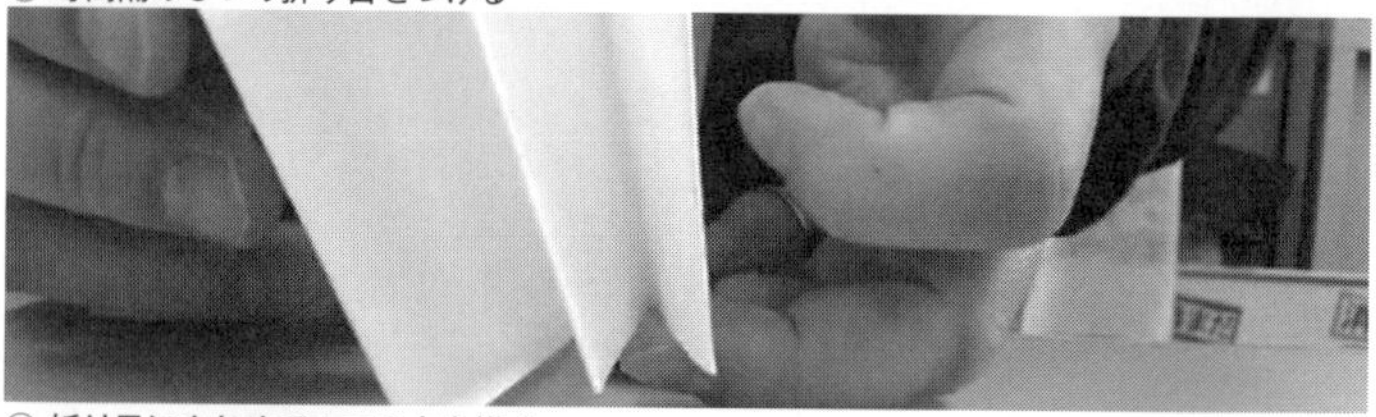

④ 折り目にまとめて１つの点を描く

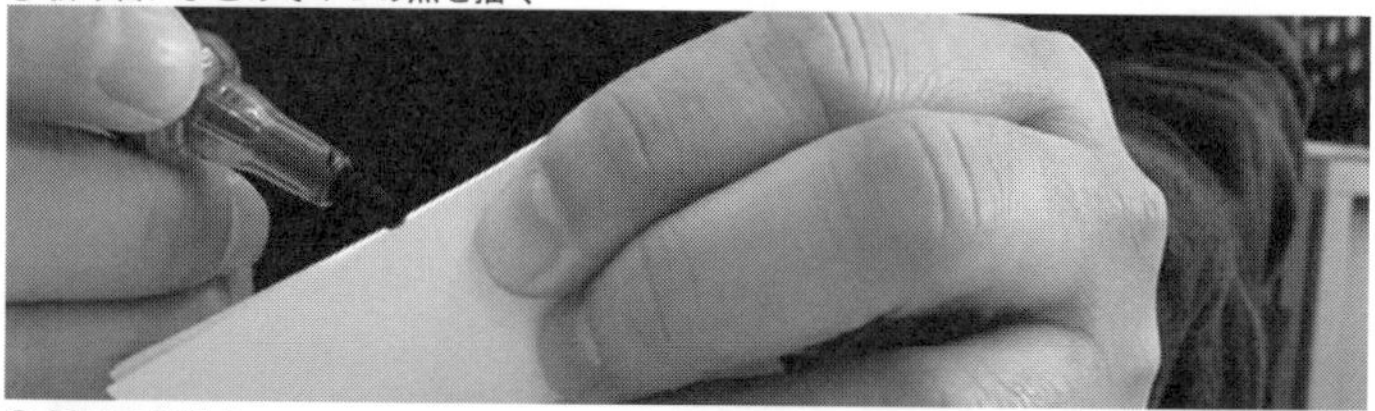

⑤ 折り目を開く

資料８　えんぴつを回転して描く方法

① １つめの点を描く

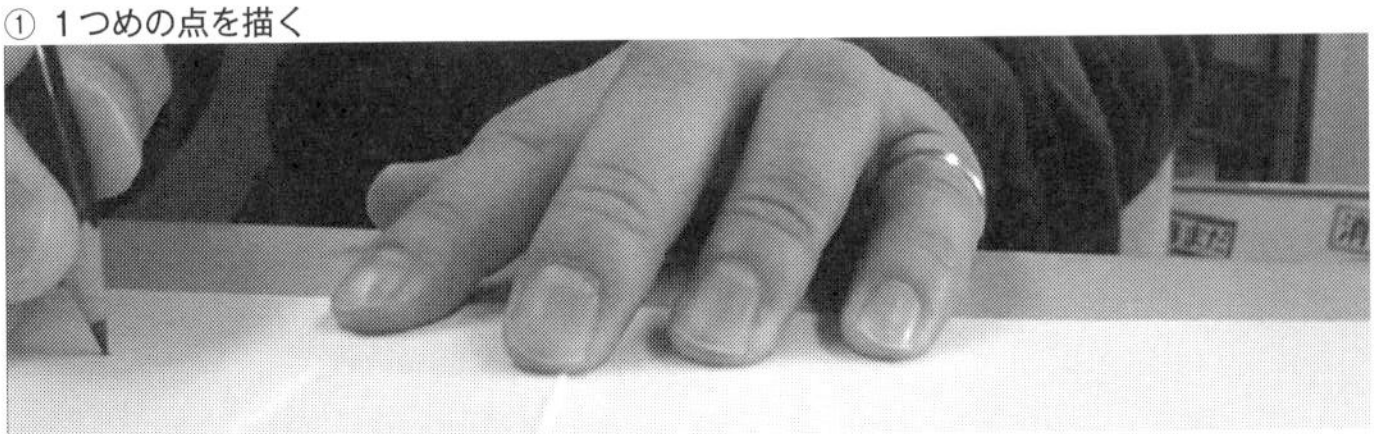

② えんぴつの先を軸にして（紙から離れないようにしながら）横方向に倒す

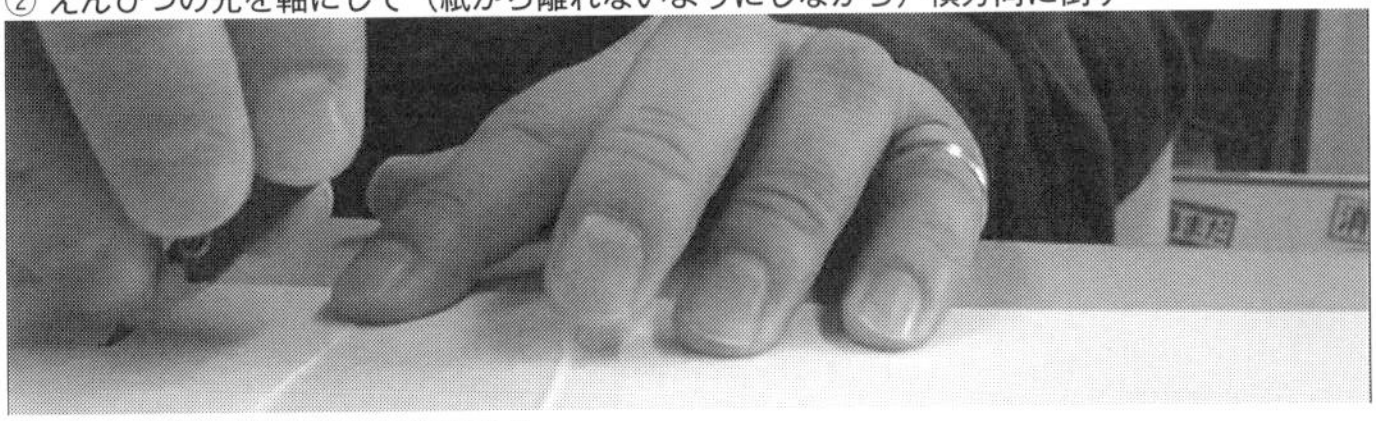

③ さらに鉛筆を横方向に回転させる

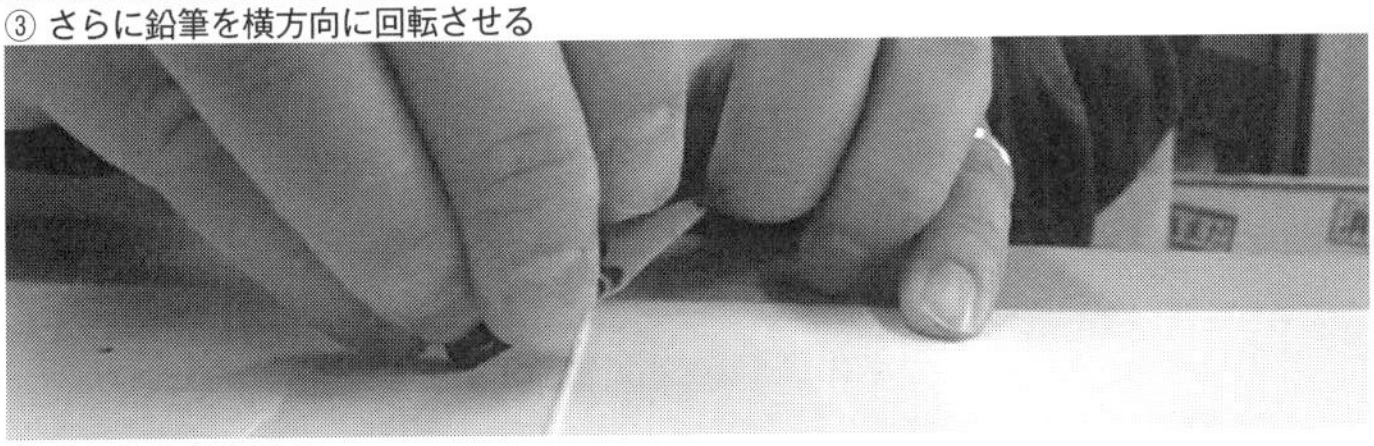

④ ２つめの点を描く

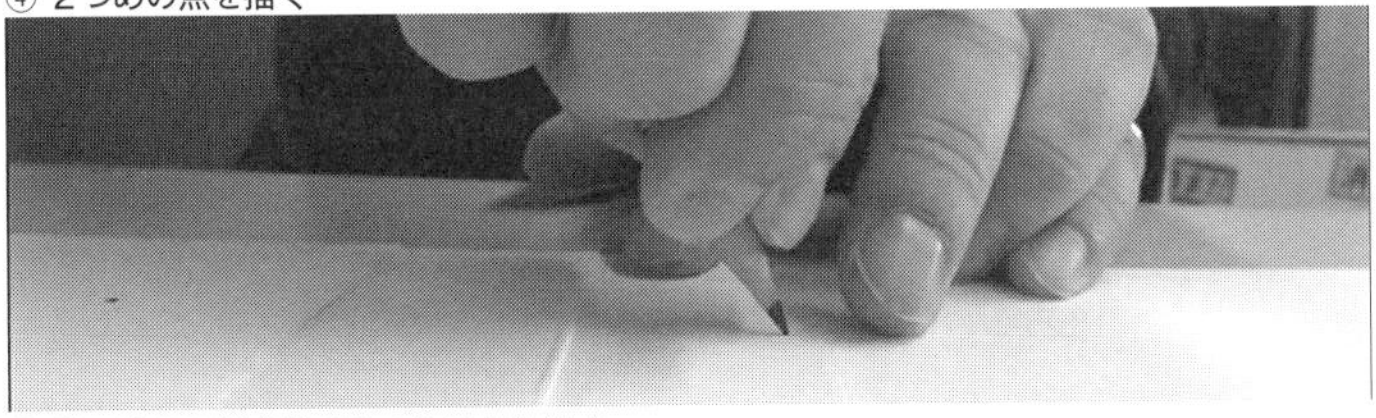

⑤ ②～④の工程を経て３つめの点を描く

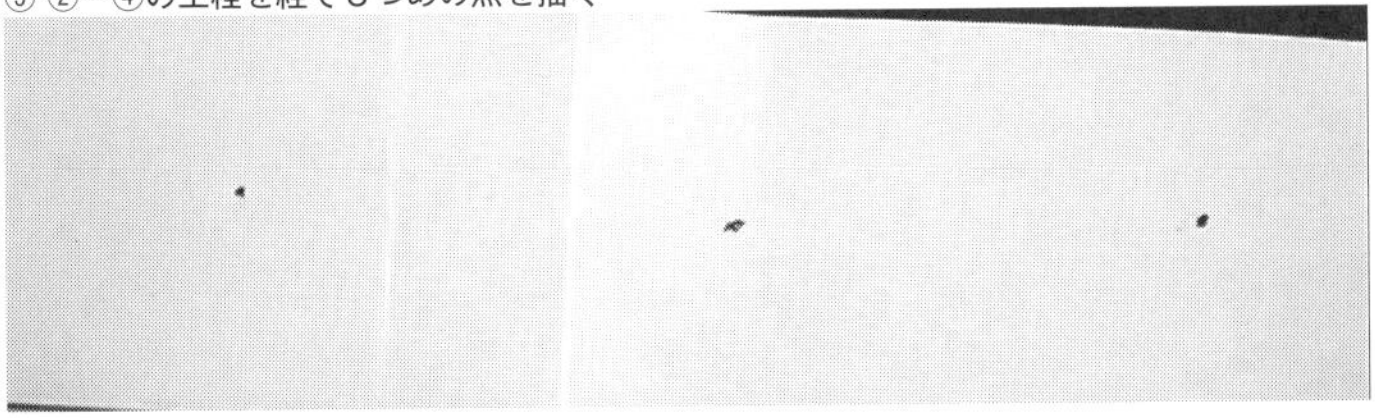

では、最後にもうひとつ。初歩的な算数の足し算を使って、次のしつもんです。

1＋1＝2ではないとするならば、ほかにどんな答えが考えられますか？

さぁ、どんな答えが考えられるでしょうか。ぜひ、みなさんも考えてみてください。

では、子どもたちの回答例を示していきましょう。

1人目は「田」です。それぞれの要素を横棒と縦棒とみなし、組み合わせた答えです。つまり、―1+1―ということですね。この答えを出す子は、割と多いです。クイズ系の答えの定石といったところでしょうか。

2人目は「11」です。プラスという概念を、「1と1を接着することだ」と読み替えているわけですね。

この2人目に乗っかる形で、「1」だと答える子も出てきます。「1に1が重なるだけだから」というのが理由です。ほかにも、棒が2本立っているように見えるので「2本」だと答える子もいます。

しまいには「英語でもいいやんな」と言い出して、「TWO（英語で）、ELEVEN」と答える子も…。本当に柔軟な思考で多様な答えが出てきます。

「自由な発想でいいんだ」「おもしろい答えでいいんだ」と本気で思えた子どもの瞬発力は、大人の想定を軽く超えていきますね。そうした連鎖が、学級の風通しをよくしてくれます。

建設的な答え方に変えるしつもん

ここでは、しつもんによって引き出される「子どもたちの思いや考えが変わる」ことを実感できるワークを紹介します。使用するしつもんは、「WHY（なぜ？）」と「HOW（どうすれば？）」です。

まず最初に、「カウントゲーム」を行います。

〈準備物〉

カウントゲーム用シート（次頁の資料9）、鉛筆

〈やり方〉

①3人1組となる。
②丸つき数字がランダムに書かれたカウントゲーム用シートをグループごとに1枚配付する。

資料9

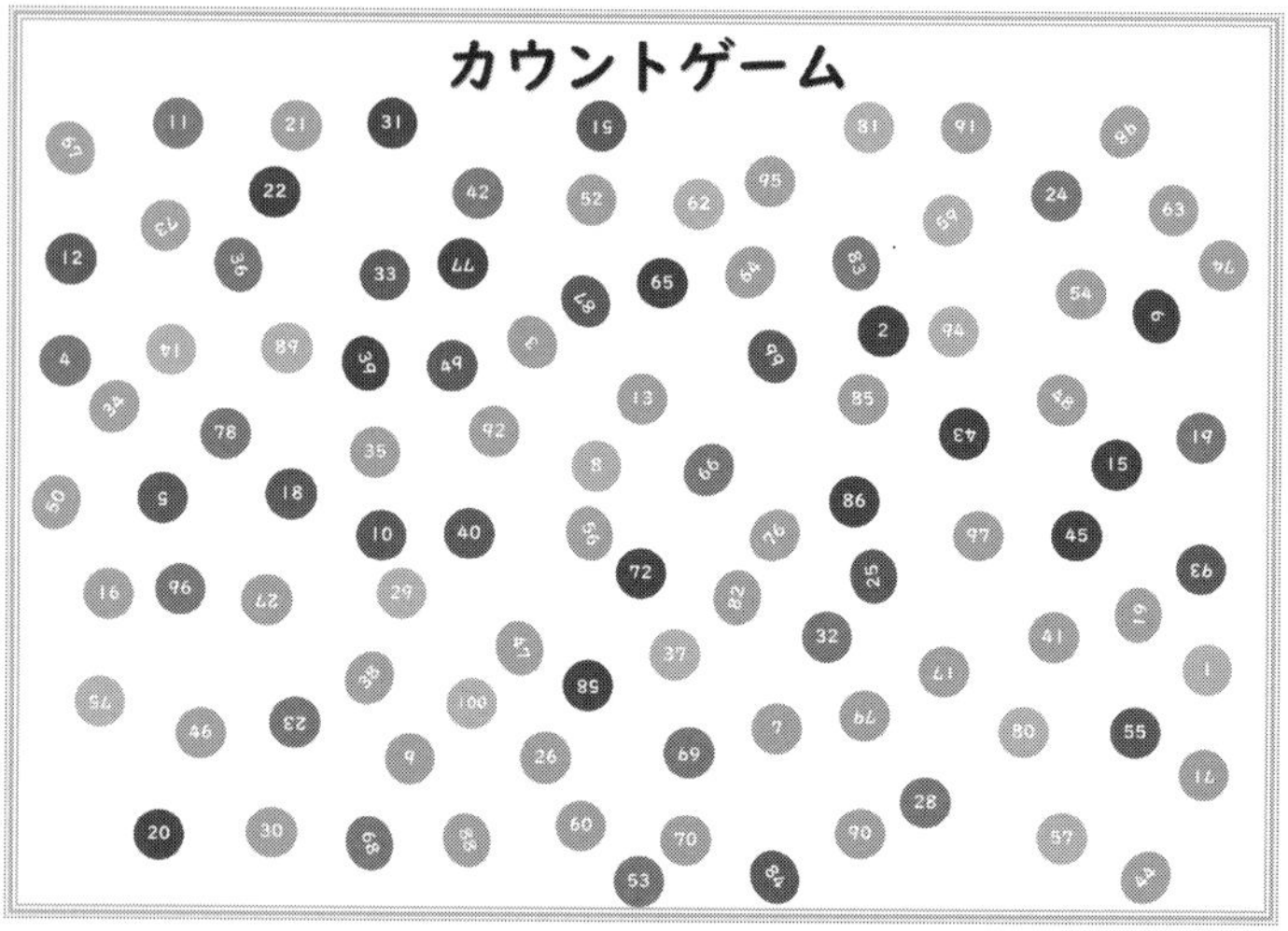

③スタートの合図で、1から順番に数字を見つけていく。
④挑戦時間は1分とする。
⑤終了時間が来たら、用紙を裏返して、グループごとにどこまで行けたかを発表する。
⑥どうやったらもっと見つけられるかを話し合う作戦タイムを設ける。時間は1分30秒。
⑦もう一度挑戦する。

さて、⑤の段階までできたら、⑥の作戦タイムに移る前に、同じグループの3人で役割演技に似たワークを挟みます。

まず、以下の場面を設定します。登場する3人は、それぞれAさん、Bさん、Cさんとします。

〈場面設定〉

Aさん、Bさん、Cさんはとても仲よしです。

3人は、1か月後に封切られる映画を観に行く約束をしました。待ち合わせは、映画館に近い駅で、時間は9時です。3人とも、とても楽しみにしていました。

しかし、当日上映時刻になっても、Aさんはやってきません。30分も遅れてようやく姿を現します。

さて、グループの1人に、Aさんになってもらい、ほかの2人には、Aさんに対して「なぜ、遅れてきたの?」としつもんしてもらいます。Aさんは、2人からのしつもんに答える役です。

Bさん役「なぜ、遅れてきたの?」
Aさん役「電車が遅れてしまった」
Cさん役「私だって電車で来たけど、早めに乗れば間に合ったんじゃない?」
Aさん役「私もそうしようと思ったけど、寝坊しちゃってギリギリの電車になっちゃって…」

おそらく、こんなやりとりが行われるのではないでしょうか。

会話の内容は、グループごとに異なるでしょうけど、共通することは、Aさんを責める言葉が出てくるということですね。楽しみにしていた映画に間に合わず、腹が立っているのですから、当然です。

実を言うと、何かがうまくいかなかったときの「なぜ？」は、相手の言い訳しか引き出せません。どうしても、相手を責める言葉を選んでしまうからです。

しかし、ここでもし「なぜ？」ではなく、「どうすれば？」という問いかけだったらどうでしょう？　しつもん内容は、「なぜ、遅れたのか」から、「どうすれば、遅れずに済んだのか」にシフトするのではないでしょうか。そうなれば、相手を責める言葉ではなくなるため、Aさんも建設的な回答を行うように努めるのではないでしょうか。

さて、この「なぜ？」というしつもんは、子どもに対して教師がよく使うしつもんでもあります。

「なぜ、廊下を走ったの？」
「なぜ、あのとき先生に言ってくれなかったの？」
「なぜ、忘れ物をしたの？」

このようなしつもんを受けた子どもは、何と答えるでしょうか。場面設定のAさんと同じように、言い訳しかできず、結局何もよくならないのではないでしょうか。

もちろん、学校教育においては、学習面においても、生活面においても、必要な「なぜ？」はあります。たとえば、道徳の授業を例にするなら、次のようなしつもんです。

「なぜ、三浦知良選手は50歳を過ぎても現役のサッカー選手として活躍できているのだろう」

この「なぜ？」は、三浦選手の成功要因を探すしつもんです。だから、「なぜ？」と問うても、それに対する発言が（言い訳ではなく）ポジティブになるわけです。ということはつまり、失敗要因を突き止めるような「なぜ？」は、相手を委縮させるだけでよい効果を期待できないということですね。このように、「なぜ？」には、吟味が必要だということです。

実は、カウントゲームの⑤と⑥の間に、場面設定を使ったワークを挟んだ理由がここにあります。

このワークを挟むことで、「なぜ？」と「どのように？」の特性を理解できるようになるからです。その結果、作戦タイムでは、「なぜ、20までしか見つけられなかったのだろう」（否定的な問題探し）ではなく、「どうすれば、20以上の数を見つけられるだろう」（建設的な方法探し）というしつもんが飛び交うようになります。

これは、ゲーム内でとどまることではありません。続けているうちに、授業を含めて学校生活全般においても、WHYとHOWによる回答の違いを意識するようになります。よりよい方法を模索したいときには「どうしたら?」、成功要因を見つけ出したいときは「なぜ?」と、使い分けるようになるわけですね。

グループ活動を活性化するしつもん

ペアのみならず、グループ間でも、良質なしつもんができるとよいですね。そこでここでは、グループ活動を活性化するしつもんを紹介します。具体的には、「しつもん司会カード」（資料10）の活用です。

併せて、グループ活動を行う内容に応じて、しつもん例やセリフ例を用意しておきます。

ここでは、4年生の教科書（光村図書）に掲載されている「花さき山」を扱った道徳科の授業を例にします。内容項目は「感動、畏敬の念」で、人の心の美しさについて考える授業です。

〈しつもん例〉

①話を聞いて、どんな気持ちになりましたか?

資料 10　しつもん司会カード（2年生バージョン）

〈話し合いのしかた〉
①いまから話し合いをはじめます。
正しいしせいですわって、ともだちの話は目と耳と心で聞きましょう。
②いけんがある人は手をあげてください。
(なければ)じゅんばんにあてます。〜さんおねがいします。
わたしもいけんを言います。
③しつもんやかんそうはありませんか？
④ほかにありませんか？
⑤ありがとうございました。これで話し合いをおわります。

②主人公は、どの場面で、どんな気持ちになりましたか？
③まわりの人からどう見えていたか、考えてみましたか？
④友達の意見から、もっと深く考えてみたいと思うことはありますか？
⑤この話から学んだことは何ですか？

このうち、⑤のしつもんに対しては、次のような発言例を用意しておきます。

〈発言例〉
「『人にやさしいことをすることで、いろいろな花を咲かせている』ことを知って、自分もやさしいことをしていこうと考えました」
「心のなかで咲かせる花は、とってもきれいなんだと知りました」

「どうやったら咲かせられるのかなと考えることが大事だと思います」

「しんぼうするところまではむずかしいかもしれないけど、ちょっとしたやさしさで花は咲くと思います」

「花が咲くことを信じて進むことが大事だとわかりました」

グループ活動で進めていくので、できるだけたくさんの思いを引き出せるようなしつもんができると、その後の対話につなげやすくなります。また、何よりもいろいろな見方や考え方が出てくることで、子どもたちも友達の意見を受け入れようとする雰囲気をつくることができるし、より多様な視点から自分の考えを深めることができます。

また、しつもん例を考える際、「建設的な答え方に変わるしつもん」で紹介した「なぜ?」と「どうしたら?」を使い分けるしつもんも組み込みます。慣れてきたらカードを使わずに行うようにします。2年生でも問題なくできるようになります。

さて、右の例は低学年用ですが、高学年でも同様の実践を行うことができます。ただし、高学年の場合にはマンネリ化しやすいので注意が必要です。

そこで、「もし〜だったらどうですか?」「違う人がみたら…その意見は変わりますか?」

といったリフレーミング（枠組みを変える）させるしつもんを加えて変化をつけます。さらに、はじめのうちは1往復で終わってしまうやりとりを、2往復できるようにすると、グループ活動はより活性化します。

こんな取組をしているうちに、以前、ある子ども同士のグループが、自分たちでミニ授業をやり出したことがあります。このときばかりは、しつもんのすごさに改めて驚かされました。まさに、「教えない指導」によって生まれる、教師いらずの授業ですね。

目的を意識する

学級活動では、「クラスで何をしたいのか」について話し合いをすることが多いと思います。このとき、話し合いが迷走しないよう、いつでも「何のためにしたいのか」（目的）に立ち戻れるようにすることが大切です。

「クラスでしたいこと」をただ挙げ合うだけでは、意見がまとまらず不用意に紛糾してしまうこともあります。ときには、「したいほうを選んでやったらいいんじゃないの?」という意見に賛同者が集まり、「クラスでしたいこと」なのに、「グループでバラバラ」ということにもなりかねません。

そのための目的の自覚化です。そこで、最初のしつもんです。

クラスのみんなで何かをするのは、何のためですか？

つまり、「何をしたいか」の前に、「何のためにするのか」を出し合う話し合いにするわけですね。すると、子どもたちからは、こんな発言が生まれます。

「みんな仲よくなるため」
「クラスの結束力を高めるため」
「毎日が楽しいクラスにするため」

こうした子どもたちの発言を引き取って、「では、クラスのみんなが楽しめるようにするために、できることを考えよう」ともちかけるわけです。私が以前受けもった学級でも、このように話し合いを進めていました。

子どもたちからは、ドッジボール、サッカー、バスケットボール、リレーなどが出された後、多数決をとりながら絞り、最終的に残ったのがリレーでした。司会役の子どもが、「じゃあ、リレーでいいですか？」というしつもんをする段になって、私から次のしつもんをしました。

クラスのみんなで何かをするのは何のためなのかを振り返りましょう。

何か気づいたことはありますか？


その瞬間、子どもたちの多くがハッとした表情をしました。

「足が遅い子はどうなのかな…。楽しめるかな」

「足が速くたって、楽しいと思うことはほかにあるのかも」

「でも、みんなでしたいことを出し合ってリレーになったのだし…」

「だったら、みんなで楽しめるリレーを考えようよ」

こんな意見が子どもたちから出されました。

その後、次々とおもしろいアイディアが生まれていきます。

●リレーで走る途中にいろいろなゾーンを用意し、足の速い遅いがわからないようにする。
●そのゾーンのひとつにくじ引きゾーンを置く。
●くじにはミッションを書いておき、そのとおりに実行する（ミッションには、「一番端の鉄棒にタッチする」「友達３人とハイタッチする」「先生と握手をする」などがありました）。

●ゾーンには、くじ引きだけでなく、ボールをついて走るゾーン、縄跳びゾーン、じゃんけんで5回勝つまで次にいけないゾーンなどを設ける。

〝これって、もうリレーとは呼べないんじゃ…〟などとも思いましたが、子どもたち自身が決めた、自分たちの目的を実現するための「クラスでしたいこと」です。好きにやらせることにしました。

さぁ、本番です。

「何でこんな遠くまで行くねん！」と言いながら鉄棒に向かっていく子、教師である私のもとに走ってくる子（逃げたら怒られました…）、縄跳びが絡まるたびにチームではない子どもたちからも「がんばれー」という声援があがる、もはやどのチームが勝った負けたではなく、一人一人がそれぞれのミッションをクリアすること自体を楽しむリレーとなっていました。

「すごい楽しかった！」

運動がすごく苦手だった子が口にした、満足そうな言葉と表情を、私はいまもよく覚えています。

良質なしつもんで学級を満たすために

さて、本章も終わりに近づいてきました。ここでは、一つでも多く良質なしつもんが生まれるための工夫です。その名も「しつもんトランプ」。教室で簡単にできるゲーム形式の実践です。

このトランプには、次のマークごとの規則性に則って、すべてのカードにそれぞれ異なるしつもんが貼りつけてあります（マークごとに13枚＋ジョーカー2枚で計54枚）。

- ●スペードのしつもんは、友達関係に関すること。
- ●ハートのしつもんは、教室に関すること。
- ●クローバーのしつもんは、学校全体に関すること。
- ●ダイヤのしつもんは、すべてにかかわるもの。
- ●ジョーカーのしつもんのうちの1枚は「自分でしつもんを考える」

次が活用法の例です。

〈朝の会〉

○朝の会で子どもがカードを1枚引き、「今日はこのしつもんについて、じっくり考える日にしましょう」と投げかけておき、帰りの会でそれぞれの意見をシェアする。

〈グループ活動〉

○グループの1人がカードを引き、そこに書かれているしつもんへの考えをグループで話し合う。

資料11の「しつもんトランプ」は、「ルールとマナー編」です。日ごろから「～しましょう」と口を酸っぱくして言うよりも、「～するにはどうしたらいいですか？」としつもんするほうが、されたほうも「先生がそう言うからそうする」ではなく（思考停止することなく）、どうするのがよいのか、自分なりに考え、判断し、行動しようとする明確な意思をもてるのではないでしょうか。

＊

蛇足ですが、トランプを題材としたしつもんを行うこともできます（「答えたくなるしつもん」の応用です）。子どもたちは、しつもんの話題を家庭での団らんにもち帰ってくれ

資料11　しつもんトランプ

	♤友達に関わること	♡教室に関わること	♧学校全体に関わること	◇すべてに関わること
Jo	あいさつ日本一を目指すために何ができますか？			どんなしつもんがありますか？（自分で自由にしつもんを考えてみてください。）
1	友達の話をどのように聞きたいですか？	先生が、教室で大事にしていることは何ですか？	入っちゃいけない場所があるのはなぜだと思いますか？	今日、1日が終わったときにどうなっていたら最高ですか？
2	どんなときに友達に拍手したくなりますか？	どんな教室に「きれい」を感じますか？	きれいな学校をつくるために、あなたができることは何ですか？	どんなときに「ありがとう」をいいたくなりますか？
3	どんなときに「ありがとう」が生まれますか？	クラスのよいところはどこですか？	どうやって「誰のものか」判断していますか？	夢があると、どんないいことがありますか？
4	どんなことを大切にすると、友達と仲良くなれそうですか？	雨が降っている休み時間の楽しみは何ですか？	くつやスリッパがそろっているとどんな気持ちになりますか？	最高の自分に近づくために、できることは何ですか？
5	仲間はずれや無視はどうして生まれると思いますか？	学習しやすい環境の特徴は何ですか？	怒りが生まれたとき、どうしますか？	どうされると「食べ物」はいやな気持ちになりますか？
6	どんな言葉が友達を喜ばせますか？	授業の準備のスピードをあげる秘訣は何ですか？	廊下を走らずにスムーズに移動する方法は何ですか？	子どもどうしで物をあげたりもらったりしてはいけません。なぜでしょう？
7	どうしたらお互いの「らしさ」を認め合えますか？	クラスのみんなが気持ちよく過ごすために、できることは何ですか？	ものを壊してしまったとき、どんな気持ちになりますか？	つよい心と体をつくるために何ができますか？
8	SNSに友達の悪口を書いてはいけない理由は何ですか？	いつ、どこで宿題をしたいですか？	いやなことをされたとき、どんな気持ちになりますか？	時間を大切にするために、できることは何ですか？
9	友達が間違いや失敗したとき、どうしたいですか？	学習に集中するためにできることは何ですか？	つらいことがあったとき、どのようにしますか？	友達が家に来たときに、嬉しかったことは何ですか？
10	友達のことをより知るために、できることは何ですか？	学習に進んで取り組むために、どんな工夫をしますか？	節約はなぜ大切なのですか？	学ぶことはどうして大切だと思いますか？
11	あなたの素敵なところはどこですか？	クラスのみんなの心を満たすためにできることは何ですか？	学校でけがをする理由にはどんなものがありますか？	みんなが幸せになるために、あなたができることは何ですか？
12	もし、SNSで友達とトラブルが起きたとき、どうしますか？	テストの点数を言いふらされたら、どんな気持ちがしますか？	登校や下校で気をつけていることは何ですか？	どんな生き方に「素敵」を感じますか？
13	友達のよい行いを見たら，どうしますか？	いじめを見たり聞いたりしたとき、どんなことを感じますか？	学校にお客様が来たとき、どうしたら喜んでもらえそうですか？	どうすれば､友達が「感動」してくれそうですか？

資料12　4枚のキング

ます。

まず４枚のキングをマークごとに並べて（資料12）、次のしつもんです。

この４枚のカードを見て、
どんなことに気づきますか？

子どもたちからいろいろな発言が生まれますが、ここでは割愛し、子どもたちに伝えていることを紹介します。

まず、スペードだけ、マークから顔を背けていることに気づくのではないでしょうか。そうなんです。スペードだけは、ほかと違って向き合っていないのです。

トランプのマークには、それぞれ異なる意味があります。たとえば、スペード。「死や悲しみ」を表しています。確かに、悲しみや死からは顔を背けたくなりますよね。

ハートは「愛」です。ハートをよく見てみると、今度はマークをよく見ていますね。「男の人は、愛に飢えているのではないか」と読み取ってしまいそうです。

ダイヤは「地位や名誉」です。これもよく見ると、やたらとダイヤに執着しているように見えます。地位や名誉が一番なんでしょうか。

そして最後はクローバー。これは「知性」です。きっと学び続けることの大切さを示しているのでしょう…。

こんな話をすると、子どもたちはみな、「家のトランプでもそうか、見てみよう」「家族に話してあげよう」と言い出します。しつもんは、学校での学びの質を上げてくれるだけでなく、家にもち帰ってその学びを広げてくれるのですね。

＊

ところで、「しつもんトランプ」（ルールとマナー編）は、学校全体での取組でも活用することができます。

●毎週の決まった曜日に6年生が1年生の学級を訪問し、一緒にしつもんを考える（時間は10分程度。ちょっとした異学年交流です）。

●ポスター版をつくって、校内のあちこちに掲示する（ルールやマナーについて、いつでも考えられるきっかけづくりにします）。
●冊子にして家庭に配布する（保護者と子どもが一緒に考え合うなんてことがあったら素敵ですね。家庭との連携につながるのではないでしょうか）。

しつもんは、学級のなかでも取り組めるし、授業にも取り入れられるし、学校全体での先生方の取組にも応用できます。誰でも簡単にできるので、どうぞお気軽に実践してみてください。教師同士お互いに手ごたえを感じられれば、同僚性だって高まってしまうかもしれません。良質なしつもんは、子どもたちだけでなく、私たち教師の学びも豊かにしてくれるのですから。

というわけで、次章は教師自身の成長、教師同士の同僚性をよりよくするしつもんを中心に紹介したいと思います。

第3章
教師のメンタル編

目に見えないものを見える化する

まず、次のフローを紹介します。

①「ありがとう」と言う。
↓
②意識が「ありがとう」に向く。
↓
③日常生活のなかで注視していなかったことのなかの「ありがとう」に気づく。

これは、ことあるごとに「ありがとう」という言葉を使うことで、後々あちこちで「ありがとう」と言いたくなるような現象（「ありがとう」の連鎖）が起きるというフローです（私たち教師も子どもも、褒められるとつい「それほどでも…」と口にしがちですが、「ありがとう」と言ったほうがよいと思います）。

「本当かな〜」と感じたみなさん、次のワークです。

〈ワーク〉

①目を閉じる。

②「この部屋の赤いものって、何がありますか？」としつもんする。

③目を開けて周りを見渡す。

さて、実際にやってみて目を開けたとき、みなさんの目にはどんなものが飛び込んできたでしょうか？

ソファー？　ペン？　パーカー？　いろいろだと思います。

頭のなかで部屋のなかの赤いものをイメージして目を開けるわけですから、いささか誘導的ではありますが、ここで言いたいことはこうです。

「これまでまったく意識していなかった事柄が、ちょっとしたきっかけで急に意識化される」ということですね。

裏を返せば、見慣れた光景であっても、何を意識するかによって目に映るものが変わるのです。

しつもんも同じです。問題は、意識化されるものが、必ずしもいいものだけとは限らないという点です。ここに、しつもんのむずかしさがあります。単に、しつもんをすればいいわけではなく、子どもたちや先生方が成長できるような良質なしつもんである必要があるということです。

（第１章の冒頭でも触れましたが）私たちは、１日に２０、０００回ものしつもんを自分に向けて行っていると言います。それくらい多いわけですから、本当にいろいろなタイプのしつもんをしているはずです。

たとえば、自分に対して「どうしたら、もっと友達と仲よくなれるだろう」というしつもんをすることもあるでしょう。その子は、これまで楽しかったことを思い出しながら、きっとワクワクした気持ちで「どうしたら」を考えるのではないでしょうか。

それに対して、「どうして、みんなはわたしのことをわかってくれないんだろう」としつもんすることだってあるはずです。このしつもんでは、繰り返すたびに周囲への腹立たしい気持ちや悲しい気持ちを募らせてしまうのではないでしょうか。

このように、しつもんの仕方ひとつで、心も行動もポジティブになれることもあれば、逆にネガティブにもなる、つまり良薬にも毒薬にもなるということですね。この点は、しつもんを考えるうえで非常に重要です。

本書におけるしつもんの目的は、「子どもも教師も、共に成長する」ことにあります。

ですから、「ありがとう」ひとつとっても、一往復で終わるのではなく、ほかの誰かの「ありがとう」を呼ぶ、どんどん広がっていくしつもんにしていくわけですね。その結果として、学級の子どもたちはもちろん、同僚の先生方や上司なども巻き込んで、「学校は、たくさんの『ありがとう』が生まれる場所」にすることができるのだと思います。

いいところ見つけ

「いいところ見つけ」は、多くの教室で取り入れられている実践です。低学年であれば、「今日のキラキラさん」を発表し合うといった取組を見かけることもあります（私もそうしていました）。

ところで、私たち教師は、なぜ「いいところ見つけ」をするのでしょう。ちょっと立ち止まって考えてみたいと思います。

まずは、**資料1**を提示して、このしつもんです。

資料1

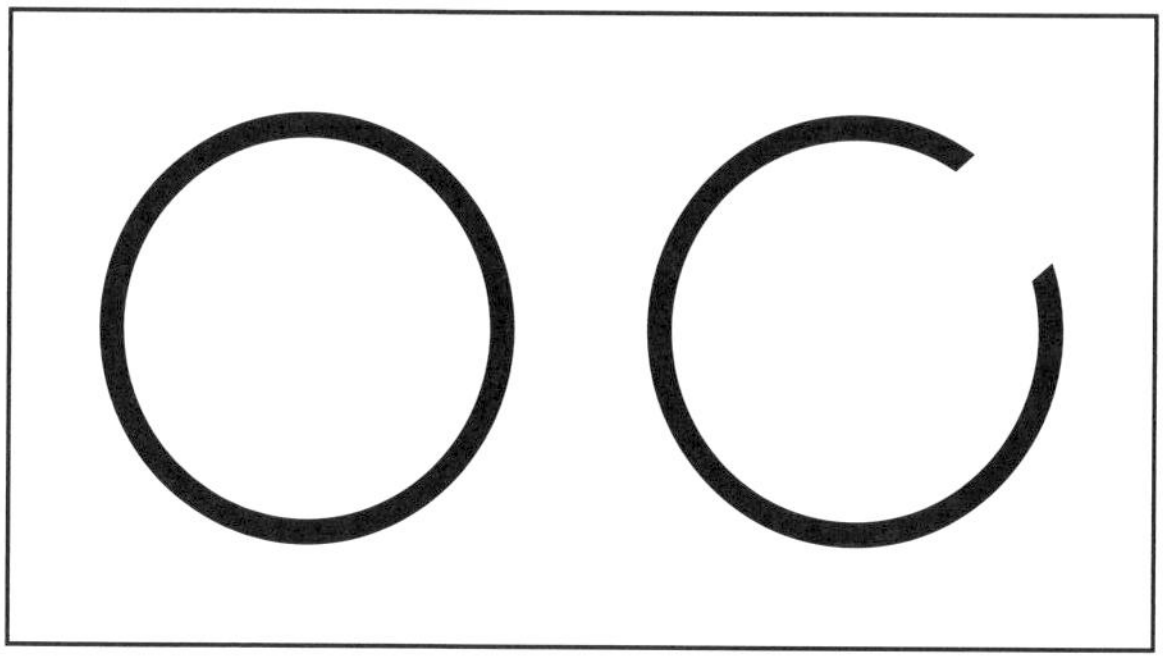

みなさんは、右と左のどちらが気になりますか？

多くの方は「右」と答えるのではないでしょうか。

人は（形が整ったものよりも）欠けているところが気になるようです。この点を、心理学の見地から明らかにしたのがこの図で、「ゲシュタルトの輪」と言います。

赤ちゃんは、お腹がすいたりおむつが濡れたりすると泣いて親に知らせます。赤ちゃんの場合には、生命維持のために必要だからですが、私たちは「楽しい」「うれしい」「気持ちいい」といった「快」よりも、「不愉快」「気持ち悪い」「居心地悪い」といった「不快」のほうに強く反応するようにできているのですね。

このことからわかることは、何かしら手立てを講じない限り、私たちは不快なことの、ほうにアンテナを張ってしまうということです。

これは、教師も同様です。つい、子どもの欠点ばかり見つけては、（指導という名目で）正そうとしてしまうのですね（本当のところは、「欠点」というよりも、教師である自分にとって「不快」「不都合」な点にすぎないことが多いのですが…）。

こんなふうに思ったことはありませんか？

〝私は、こんなにがんばって指導しているのに、どうしてちゃんとしてくれないのか…〟
実を言うと、私もついこの負のジレンマに惑わされてしまうことがあります。そうならないようにするための手段のひとつが、「いいところ見つけ」です。つまり、意識的に「いいところ」にチャンネルを合わせるトレーニングを積むということですね。そうすることによって、マイナス思考、ネガティブ思考のスパイラルを回避するということです。

これは、教師一人ががんばってもうまくいかないし、子どもだけにがんばらせてもうまくいきません。教師も子どもも、共に「欠けているところが気になる」存在だからです。ですから、教師と子ども、子ども同士、みんな一緒にトレーニングを積む必要があります。そうできれば、子どものあら捜しをせずに済むし、子どものやる気を削ぐことも減らしていけます。その結果、ネガティブなスパイラルをポジティブなスパイラルに転じさせることができるのです。

そこで、自分に対してはこんなしつもんです。

クラスの子どもたちの「いいところ見つけ」をしていますか？
どんな「いいところ」がありますか？

このしつもんを通して、〝子どもは未熟だから、教師として更生しなくては！〟という思い込みをリセットし、子どものいいところを思い浮かべながら「ゲシュタルトの輪」の欠けた部分を埋めていくようにするとよいと思います。

子どもの見方

子ども理解を充実するためには、子どもをどう「みる」かが重要なわけですが、一口にそういっても、いろいろな「みる」があると思います。ここではまず、どんな「みる」があるのかを整理したいと思います。

①「視る」

「視」という語が「注視」や「凝視」という言葉からも連想されるように、「じっくりよくみる」というニュアンスがあります。また、「視察」のように、分析的な使われ方もします。

こうした特徴から、子ども理解に置き換えると、次のように考えることができます。

〈生活面〉

「整理整頓はできているか」

「服装が乱れていないか」

「爪を切っているか」

〈学習面〉

「教師の指示を理解できているか」

「いい聴き方ができているか」

「丁寧に字が書けているか」

などです。


この「視る」で重要なことは、一点集中で素早く実態把握することに尽きます。

そのため、シチュエーションとしては授業場面が多くなると思います。具体的には、次の3つの場面です。

- 話し合いをするとき
- 一人で考えなければならないとき
- 教師の提示した教材を見るとき

このようなときに、次のしつもんです。

いま、何を大事にしていますか？

このしつもんに対して、子どもたちがどのような反応（動き）をするのかを「視る」ことによって、次のように子どもの実態をつかみ、自分自身の指導の善し悪しや可能性を分析的に探ることができます。

●今日は、話し合いにぎこちなさを感じる。
●多くの子どもが自分の考えをまとめられないようだ。
●この授業では教材が提示されたほうが子どもの関心が高まるようだ。

②「診る」

「診」という語は、「診療」「診察」という言葉からも連想されるように、「医者が患者の様子を調べ、健康状態を判断する」というように、的確に見定めるというニュアンスがあります。

これを子ども理解に置き換えると、生活面であれば「いつもと違う表情だな。何かあったかな」などと、子どもの表情や体の動きから、何か問題がないかをチェックする見方だと言えるでしょう。

学習面では、実態把握（「視る」）をもとにして、子どもの理解度、学習の定着度、それらへの阻害要因や解決策を類推する見方となります。情報量がものをいうので、いかに多くを「視」たうえで「診る」かが問われます。

ただし、一口で「診る」といっても、闇雲に診ようとすると、判断を誤ったり、きめつけてしまったりすることもあります。そこで、原因を探るしつもんが必要になります。以前、次のしつもんをしたことで、虐待の事実が判明したことがあります。

悲しそうな顔をしているようにみえたけど、何かあったの？

一般的には、保護者への愛情や自分自身の生活を守るために、子どもは虐待の事実を認めたがりません。しかし、子どもの変化を「視」逃さず、タイミングよくしつもんできれば、このようなことも起きるのです。

とはいえ、毎日のようにクラス全員をつぶさに「診る」ことはできません。そこで、次のしつもん紙を活用するのがおすすめです。

最近、悲しかったことは何ですか？
最近、嫌だったことは何ですか？

こうしたしつもんへの回答を踏まえ、手立てとセットで診ていくわけですね。

また、授業の机間指導などの場面で、なかなか学習を進められずにいる子どもがいたら、次のしつもんです。

いま、どんなことで困っていますか？

このしつもんのポイントは、子どもの困っていることを先回りしてきめつけないことです。

たとえば、学習の「まとめ」をなかなか書けずにいる子どもがいた場合にしても、その理由はさまざまであるはずです。言葉が思いつかないのか、どう書いていいか方法がわからないのか、そもそも授業が理解できなかったからなのか…わかりませんよね。

しかし、私たち教師は、語彙が足りない子どもであれば、きっと〝言葉が思いつかないんだな〟などときめつけてしまい、語彙が足りない前提で指導しがちです。しかし、その子の書けない理由と違っていたら、適切な指導ができないばかりか、その子を余計に困らせるだけです。

そんなリスクを負ったりせず、率直に困っていることを子どもに聞いてしまえばよいのです。それに、子どもに教えてもらえれば、解決策を一緒に考えられますよね。

③「観る」

「観」という語は、「観察」「鑑賞」「観光」という言葉からも連想されるように、「具体の事象や状況を俯瞰して観る」「映画や芝居などを鑑賞する」「出かけて行って風景などを観る」といったもので、ちょっと引いたところから、楽しみながら「観る」というニュアンスを含みます。これを子ども理解に置き換えると、次のように考えることができます。


〈生活面〉

「仲よく遊んでいる」

「楽しそうに話している」
「真剣に取り組んでいる」
「みんなで達成したことを喜び合っている」
「おいしそうに給食を食べている」

〈学習面〉

「友達の意見をよく聴きながらグループ活動をしている」
「集中して学習している」
「問題解決を楽しんでいる」

といった姿を「観る」わけです。

こうした子どもたちの様子から、あたたかいものや楽し気な雰囲気を感じ取ることも、教師にとって大切な子どもの見方です。子どもからもらった「いい気分」を、形を変えて子どもに戻せば、教師と子どものよりよい関係性を築ける「見方」となるでしょう。

この「観る」についても、「診る」と同様に、一対一の場面でしつもんしたり、しつもん紙を活用することで、子どもたちをよく「観る」ことができます。「診る」とは異なる点は、ポジティブな一面を引き出す、次のようなしつもんをすることです。

最近、楽しかったことは、どんなことですか？
1学期を振り返って、自分が成長したと思うことは何ですか？
今日一日のなかで、一番がんばった授業は何ですか？

こんなしつもんを通して、楽しかったことなどを思い浮かべながら笑顔になる子どもたちの姿を「観る」ことができます。

④「看る」

最後は「看」です。「看護」「看病」という言葉からも連想されるように、子どもたちの状態が悪くならないように気を配って見守るというニュアンスです。これを生活面・学習面双方から子ども理解に置き換えると、次のように考えることができます。

〈生活面〉
「Aさんは、いつも休み時間に本を読んでいるけど、本が好きだからそうしているのか、一緒に遊ぶ友達がいないからなのか、どちらだろう」
「Bくんは、最近忘れ物が多くなってきたけど、家で何かあったのかな」
〈学習面〉

「Cさんは、計算ミスが多いけど、落ち着いた気持ちで計算すればミスが減るのかな」

「Dくんは、『博』の右上の点がいつも抜けてしまうけど、間違って覚えているのかな」

「Eさんが、宿題の提出を忘れてしまうのは、量が多いからかな」

もし、看たことで、何か気になることがあれば、「どうしたの？」などと、そのつどしつもんです。

思い過ごしであればよいのですが、本当に困っていることもあります。つまり、回答いかんで早急に手立てを打つべきことなのか、時間をかけて解決していくべきことなのかを判断することができるわけですね。

＊

さて、ここで教師である自分に対するしつもんです。

子どもたちへの自分の見方は適切だろうか？

状況に応じて「見方」を変えることができれば、子ども理解がより深まります。そのためには、自分が臨機応変にできているか、自分に問うてみることが大切です。

（たとえ質の高いしつもんであっても）子どもたちにばかり答えさせているだけでは、思ったような効果は期待できません。しつもんをする自分自身を振り返るしつもんを、折に触れて行うことが、教えない指導につながるということですね。

多面的・多角的な視点で自ら考える

かつて、孫子は次の言葉を遺しています。

「彼を知り己を知れば百戦殆うからず」

一般的には、「敵についても味方についても情勢を把握していれば、どれだけ戦っても敗れることはない」という意味で使われます。

この言葉を学校教育に当てはめると、（学校は戦いの場ではありませんが）どのような教訓が得られるでしょう。

それを伝える前に、まず次頁の**資料2**を注目してください。これは、保護者の立ち位置がどう変わったのかを表したものです。

昔の保護者は学校と同じ目線で子どもを見ていましたが、最近では子どもと同じ目線

資料2　保護者の立ち位置の変化

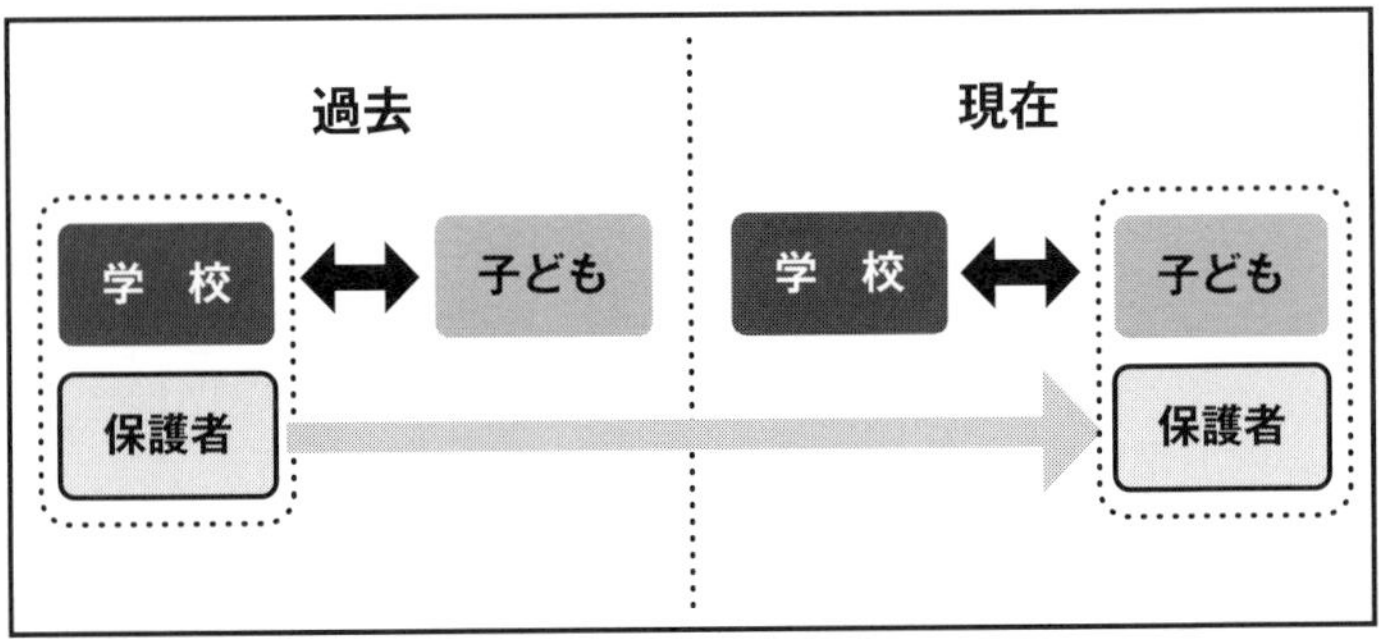

で学校のほうを見ています。これは、（よいか悪いかということではなく）事実としてそうだということですね。

例を挙げると、ある子を叱ると、昔であれば、家に帰ってからも保護者から「学校に迷惑をかけるとは何ごとだ」と子どものほうが追い打ちをかけられていましたね。それに対して、いまは「学校で先生に叱られたと子どもが言っているのですが…（うちの子どもは悪くないと思うのですが…）」といった問い合わせの連絡が学校に来るという変化です。

この変化は、子どもを適切に指導するためには、（昔とは異なり）家庭の背景まで考慮しなければならなくなったことを意味します。といっても、家庭の状況は多様で、すべてを把握することなどできません。学校としては、丁寧な説明には努めてはいますが、一つ一つの家庭の実態に即した対応などしようものなら、子どもの教育のために必要な時間まで割かなければならなくなります。そんなときには、こんなしつもんです。

Aくんのお母さんなら、どう考えるだろう？

面談したときの印象やAくんの個性などを踏まえながら、（わからないなりにも）想像してみる、いわばイメージ・トレーニングのようなしつもんです。これは、何かしらの課題に対して「自分ならどう考えるだろう」から、「相手ならどう考えるだろう」にシフトする点に秘密があります。具体的には、次の2つです。

●自分本位の考え（狭い視野）にとらわれずに済むので、アイディアがいろいろ浮かぶようになる。

●相手意識が高まるので、前向きな気持ちで課題に取り組めるようになる。

また、このイメトレしつもんは、ほかにも次のような転用が可能です。

「Bくんなら、どう答えるかな」→指導案を作成するときの「予想される子どもの反応」を考える際にも、より的確にイメージできるようになる。

「校長先生なら、何とおっしゃるだろう」→自分の提案が学校の基本方針を踏まえ、実現可能性のあるものになっているかをイメージできるようになる。

ほかにも、いろいろなアプローチがありそうですね。

さて、保護者に話を戻すと、自分にしつもんをすることで「保護者はどんなふうに（どんな考え・方法で）Aくんを育ててきたのだろう」という着眼点をもつことできるようになります。これが、保護者に対するアンテナになります。その結果、相手の気持ちに寄り添った対策を考えられるようになるわけですね。

さぁ、最初に紹介した孫氏の言葉に戻りましょう。

「彼を知り己を知れば百戦殆うからず」を学校教育に当てはめると、どんなことが言えるのか。（あくまでも私の解釈ですが）それは、相手の立場に立つ（想像する）ことで、狭量で独善的なものの見方を排し、多面的・多角的な見方を獲得できれば、どんな相手ともよりよい関係を築けるようになる。こんなふうに読み解くこともできるのではないでしょうか。

子どものやる気と教師の言葉かけ

私は（洋の東西を問わず）言葉のもつ意味や語源、可能性について調べたり考えたりすることが好きです（ここまでお読みいただいた方は、何となく感じていたかと思いますが…）。そんな私はある日、「母に言われて嫌だった言葉ランキング」というものを見つけました。とてもおもしろかったので紹介したいと思います。

まずは、第5位から第2位まで一挙に紹介しましょう。

第5位「いつまでも面倒見てね」
第4位「あなたには幸せになってもらいたいから」
第3位「私の言うことを聞いていればいいの」
第2位「なんでできないの」

いかがですか？　古い記憶が蘇ってきませんか？

いずれも、子どものやる気を奪うに十分な言葉です。逆にもし、何も思い当たらないのだとしたら、あなたのお母さんは、あなたの尊厳と個性を最大限に尊重するような接し方に努めてくれたと言えるように思います。

さて、輝く（輝いていないけれど…）第1位は…

「あなたのためだから」

何となくですが、「あぁ…」と「あれっ」という2つの声が聞こえてきそうです。古くは自分が言われて嫌だった言葉、新しくは自分にも心当たりがある言葉として。

〝あれっ、私は職場で同じことを言ってなかったっけ〟と…。

「勉強するのは、あなたのため」

「叱るのは、あなたのため」

「決められたことを守るのは、あなたのため」

そんなふうに思いながら、子どもたちに接していませんか？

そうです。この言葉は、学校現場で当たり前のように使われている常套句なのです。

ランキングされた言葉は、母親に言われて嫌だった言葉、やる気を奪う言葉でしたよね。

ということはつまり…、私たちは日々子どもたちのやる気を奪ってる？

教師は、子どもにとって常に一番の権力者です。その自覚がない方もいるかもしれませんが、多様性と不確実性に満ちた教室世界において、数少ない真実のひとつです。そうであるがゆえに、（「子どもへの言葉かけが大切」などと当たり前のように言いますが）子どもにかける言葉のチョイスは、本当に吟味しなければならない。そんなことを考えさせられるようで、「このランキングはおもしろい（怖い）」と思ったのです。

では、どのような言葉かけであれば、子どもはやる気になれるのでしょう。いくつも考えられると思いますが、あえてひとつ例示するとしたら、次の言葉です。

「あなたのおかげで、クラスのみんなが笑顔になれたよ」

日本の子どもたちは、自己肯定感が低いと言われます。これは、教育関係の国際的な意識調査でも明らかなようです。しかし、私はそれとは違う見解をもっています。そもそも、しつもんの仕方が日本の子どもに合っていないのではないか…。

数ある国際調査のひとつに「我が国と諸外国の若者の意識に関する調査」（内閣府、平成30年度）があります。この調査では、自己効力感を調べる次の2つのしつもんを実施しています。

●あなたは「自分自身に満足している」と思いますか？（日本：45・1％）
●あなたは「自分には長所があると感じている」と思いますか？（日本：62・2％）

(https://www8.cao.go.jp/youth/kenkyu/ishiki/h30/pdf/s2-1.pdf)

調査国と比較して最も低い数値です。

さて、ここで視点を変えて、みなさんにしつもんです。

ご自身が担任する子どもたちの顔を思い浮かべて、右の2つのしつもんに「イエス」と答える子どもはどれくらいいると思いますか？

日々、満足感をもって、闊達に過ごしているAくんやBさんの顔を思い浮かべても、このしつもんであれば、「う〜ん、それほどではないかも…」というあたりで回答するのではないか…そんなふうに想像してみた方は少なくないのではないでしょうか。

では、こんなしつもんだったら、どうでしょう。

あなたがしたことで友達が喜んでくれたら満足しますか？
あなたのおかげでクラスの友達が笑顔になったら自信がもてますか？

国際調査の結果とは打って変わって「イエス」の回答率がグンと跳ね上がるのではないでしょうか。もちろん、他国の子どもたちの回答率もけっして低くはないでしょう。しかし、その意味合いや価値の度合いは、他国のそれとは別物になるのではないかと思います。

すなわち、**日本の子どもたちは、誰かのためになったことのほうが、自分のためよりも、ずっとうれしいし、楽しいし、誇らしい**のです。この本質を抜きにして、自己肯定感を語るのは、ピントがズレているように思うのですね。そしてこれは、子どもたちだけではないと思います。私たち教師もそうではありませんか？

感情を自分のコントロール下に置く方法

調子がいいときはニコニコ笑顔でよく話す。
イラッとした途端に顔つきが豹変して怒鳴りだす。

日常的にこんな感じの人が身近にいたらどうでしょう。近づきたくないですよね。まして、それが同僚の教師だったら…。(さすがに極端な例だと思いますが)教師もよほど気をつけていないと、感情丸出しで子どもに接してしまうことがあります。それが、どれだけ子どもを追い詰めてしまうことか…想像に難くありません。

これは、ネガティブな感情だけを問題にしているわけではありません。いつもポジティブであれば万事めでたしというわけではないからです。重要なことは、感情丸出しではなく、いかに自分のコントロール下に感情を置くかにあります。それができるようになってはじめて、「教えない指導」に一定の効果をもたらすことができるようになります。

どのようなテンションであってもいったん気を鎮め、言葉を吟味し、褒めるべきときは褒め、叱るべきとき叱る、そのようにできることが、究極的なプロ教師であるように私は思うのですね。これは自分自身に対する戒めでもあります(「忙しい」と、ついつい「心」を「亡」くすと言いますし…)。

こうした感情のコントロールは、日々のトレーニングによって培われるものです。けっして先天的な資質ではありません。後天的に獲得できる能力です。その能力向上に資する方法のひとつが、しつもんメンタルトレーニングなのですね。

いったんは瞬間的で爆発的な感情にとらわれたとしても、もし1秒で気分を切り替えられたら、本当にすばらしいと思います。私自身、道半ばですが、自分に言い聞かせていることがあります。それは、「自分の機嫌は、自分でとる」ということです。

さて、（私はもちろんですが）子どもたちも一緒に気分を切り替えられるようにするために取り組んできた実践を紹介したいと思います。

【音楽で気分をスイッチ】

気分をもち上げたいときはハードロック系の楽曲、ワクワクした気分になりたいときはダンスミュージック系の楽曲、気分を落ち着かせたいときはバラード系の楽曲といったように、気分にマッチした音楽を聴く方法です。私は子どもたちと一緒に取り組んでいます。

（低学年では特にそうですが）リズミカルな音楽をかけて体を動かしはじめた瞬間に気分が切り替わります。その後、クラシックを聴かせると、たった数分なのに違う気分になり眠ってしまう子もいます。ほかにも、好きな歌詞と苦手な歌詞でも気分は大きく変わります。音楽がメンタルに及ぼす影響は本当に大きいですね。

オルゴールもなかなか効果的です。教室で鳴らすと、ちょっとした一体感が生まれます。

私の職場の机にはいつもオルゴールを置いています。クールダウンをしに職員室に来る子どもがいますが、オルゴールをしばらく聴くと満足して教室に帰っていきます。

【絵本で気分をスイッチ】

子どもたちの「好きな絵の絵本」と「苦手な絵の絵本」の双方を読み聞かせるのもおもしろいです。「題名が好きな絵本」と「題名が苦手だと感じる絵本」でもいいでしょう。

これは、子どもたちの世界観を広げるためです。「自分は苦手だ」と感じるところに、実は自分の世界観を広げる可能性が隠されていることがあるからです。

「何てひどい題名なんだろう」と思いながら話を聞いているうちに、その絵本の世界に引き込まれてしまい、「命の大切さ」に思い至る経験をした子どももいます。

私自身は、幼いときに好きだった読んだ絵本を読み返すこともあります。これまで気づかなかった新たな発見があるなど、自分を見つめ直すよいきっかけにもなります。

【運動で気分をスイッチ】

たとえば、読書しているときとスポーツしているときとで、自分の気分の状態がどう変化するのかを気にしてみるのもおもしろいと思います。また、ときには休み時間に子どもたちと校庭を走り回って遊ぶのもよい効果があります。体が疲労するのとは対照的に、心のほうは回復しているといった経験は、教師であればみなさんおもちでしょう。適度な運動は、心をリフレッシュしてくれます。鬱傾向にも効果ありと言われるのもうなずけます。

【夢で気分をスイッチ】

自分のしたいこと、なりたい自分をイメージしながら、それを紙に書いたり、自分あてにメールを送ったりするのも、おもしろいと思います。口にしてみるのでもかまいません。なんとなく気分が乗ってくるのを感じられると思います。子どもも同じです。

叶うという字は「口」にいっぱいの意味の「十」と書きます。たくさん夢を語ることが大事なようです。

【呼吸で気分をスイッチ】

「速い呼吸」のときと「ゆったりとした呼吸」のときとで、自分の気分の状態がどう変化するのかを気にしてみるのもおもしろいと思います。ほかにも、「一気に吐いたり吸ったりする」ときと「細く長く吐いたり吸ったりする」のときの気分の違い、「大きな声」

を出すときと「小さな声」を出すときの気分の違いなども比べてみるといいかもしれません。

武道の世界でも、特に東洋では自分の実力を出すために正しい呼吸法を習得すると言います。自分の心と体をコントロールすることと呼吸とは密接な関係があるのだろうと思います。

[笑顔で気分をスイッチ]

ほっぺをしっかりマッサージしてから上にもちあげると、人はみな笑顔になります（逆に下げると泣き顔になります）。顔の形を変えるだけでも割と気分が変わるものです。

とても悲しくて涙が流れそうになるのを我慢して無理やり笑顔にするのはどうかとは思いますが（ストレスを溜めるだけ。泣きたいときは思いっきり泣いたほうがいい）、授業のちょっとした息抜きなどに行うと、子どもたちはリラックスします。

低学年の子どもたちは、にらめっこが好きですよね。このにらめっこのよいところは、結局最後はお互いに笑ってしまうところにあると思います。笑顔というと、楽しいこと、うれしいことがあることからそうなるものと受け止めがちですが（それ自体は正しいのですが）、私は「楽しいから笑う」より、「笑うから楽しい」にしてしまったほうが、（特にメンタル・コントロールにおいては）より効果的だと思います。

［名言で気分をスイッチ］

実社会で活躍している人や先人の名言は心に響きます。同じ名言でも家族が言うと素直に聞けなかったりしますが、たとえば一流選手であれば「自分でもやってみよう」などとスイッチが入ったりします。また、自分のなかのもやもやが晴れることもあります。

授業論などをまとめた教育書などでも、ときおりそんな名言に出合うことがありますよね。そんなとき、「早く授業がしたい」「明日が楽しみだ」という気持ちになれるかと思います。やはり本のもつ力は大きいと思います。

また、授業においても、名言によって子どもたちの心を響かせることができます。以前、卒業を間近に控えた6年生の道徳の授業で、最後にデールカーネギーさんの次の言葉を使いました。

世の中で最も耳に響くよい音楽は、自分の名前である。

この授業では、「自分の名前が実は思いの込められた『究極の名言』である」ということに気づき、「名前を受け入れて前向きに生きていこう」という気持ちを引き出していくことをねらっていました。

この名言は、子どもたちの心に響いたようです。私からの最後の道徳の授業と称して、子どもたちの名前を使った言葉を送り（資料3）、卒業式の日にはそれらの言葉をミニ色紙に一つ一つ書いて子どもたちに渡したところ、ずっと大事にしてくれていると聞きました。

＊

さて、ここまで「感情を自分のコントロール下に置く」ための考え方や方法を紹介してきましたが、その真の目的は別にあります。それは、危機的状況に強くなること。気分がいいときに調子がよいのは、誰にとってもそうでしょう。問題は、その調子が悪いときです。

危機的な状況に陥ったときこそ、人間性が出ると言います。ここまで語ってきたことは、そんな状況にあっても、平常心で事に当たれる、むしろポジティブになれるようにするためのトレーニング方法だったわけですね。

資料3

大切にしたい36の花束

1 **ま**っすぐに **り**っぱに **な**れ
2 友達と **な**かよく **ほ**め上手であれ
3 **さり**げない 優しさをもとう
4 **しん**用第一 **じ**信をもって進め
5 **や**く立つ人になれ **ま**ちがいを認め **と**まれる人であれ
6 **ゆ**く先は **み**んな明るい
7 読書をし**よう** **い**い言葉 **ち**からの出る言葉を たくさん知**ろう**
8 **あ**かるく **い**っ生懸命に 生きよう
9 **かず**かずの困難を う**ま**く乗り越えよ
10 **れ**きしは **お**れたちが つくる**ん**だ 自覚せよ
11 毎年 **さ**い高の **とし**にしよう
12 **あ**したに向かって努力 **ゆ**めを**み**つけて進もう
13 あ**ゆ**みを止めるな **う**しろを振り向くな
14 じ**ゆう**には 責任が **と**もなうことを心せよ
15 お**ち**着いて **な**にごとにも 挑戦し**つ**づけよう
16 **ち**からを合わせて 可能性を**ひろ**げよう
17 **ま**っすぐ**な**気持ちで 物事を **み**つめてみよう
18 ざ**ゆう**の銘を **や**くだてよう
19 **すぐ**行動 や**る**気を出していこう
20 ある**る**き続けよう **か**なえたい夢に向かって
21 **な**かまを大切に **おや**を大切に
22 ゆ**たか**な心で **ゆ**う情を **き**ずいていこう
23 **ゆ**う秀な人とは 努力して**う**んは引き寄せること ができる人のことである
24 **ゆう**やけが **き**れいだと思える自然を愛する心を大切に
25 **ただ**しいことを **ま**っすぐに **さ**いごまで
26 **か**んじんなのは **ほ**ん気になることである
27 **さ**いしょから も**つ**べ**き**ものは感謝である
28 **り**くつに 惑わ**さ**れるな 心で感じよう
29 **な**に**ご**とにも挑戦し **み**りょくある人になれ
30 **じ**っと がまん**ん**することも 時には必要である
31 これ**か**らも **ず**っと **ひと**りじゃないぞ
32 みん**な** **なか**まだぞ 大切にしよう
33 **ゆう**気の花を さ**か**せよう
34 **れい**静な 判断ができる人で**あ**れ
35 **か**しこく 生き**よ**う
36 **けん**康第一 笑顔をた**や**さずに

さて、ここまでが前置きです（長すぎました…）。

肝心のしつもんはこれです。

これは、自分にとってどんなチャンスなのだろうか？

ある日の夕方、保護者からクレームの連絡が来た。しかも、電話口では相当の剣幕。自分の落ち度であることは明白。こんなとき、どんな気分になるでしょう。「えっ、なんで？」「これはピンチ！」「マズイ、どうしよう…」受話器を握る手が汗ばむ、冷や汗が止まらないなどと狼狽してしまうでしょうか。それとも…。

ピンチはチャンスなどと言われます。これは、絵空事ではなく真実だと思います。適切に問題解決できれば、その保護者とこれまで以上のいい関係を築けるからです。

逆に、ピンチをピンチとしか思えないと、問題を余計にこじらせてしまう火種になることもあります。自分を守ろうとする防御意識が強くなりすぎて、次のようなことをしてしまうからです。

●状況を正しく受け止められない。

●上司に相談する際にも、自分に都合のよいことばかり言ってしまう。
●そもそも相談さえしない。
●嵐が過ぎ去るまで学校に行きたくなくなる、など。

何ひとつ、いいことはありませんね。

では、チャンスだととらえるとするならば、どんなチャンスが待っていると考えられるでしょうか。以下に、例示したいと思います。

●子どものことを、これまで以上に丁寧に見ていこうという姿勢をもてるかもしれない。
●これを機会に保護者の真意を聴けるかもしれない。
●保護者との関係をよりよいものにしていけるかもしれない。
●子どもの心の声を聴けるかもしれない。
●教育に対する姿勢をグレードアップできるかもしれない。
●教師として足りない何かに気づけるかもしれない、など。

こんなふうにとらえられれば、気を引き締めながらもワクワク感さえ生まれるかもしれません。それは、ピンチに対して前向きになれると気分は高揚し、力が湧いてくるからです。その結果、自分を守りたいという欲求が意識のなかで後退し（なくなるわけではありませんが）、次に何を考え、何をすべきなのか、複数のアイディアが浮かんでくるのです。そう、（保護者からのクレームに限らず）何か問題が起きたら、それはチャンスなのです。

そしてこれは、教師に限ったことではありません。子どもも同様です。

「自分が何か悪いことをしてしまったら、正直に言おう」

子どもたちに対して、私たち教師はよくこう言います。また、その実効性を上げるために、何度でも言い合える（認め合える）あたたかな学級をつくろうと努力します。

それ自体は、望ましいことです。しかし、それだけでは足りないとも思います。その子自身のなかで危機に対処するメンタルが育っていなければ、思うようにいかないからです。

メンタルが育っていない子どもは、どれだけいい環境下にあっても、自分に不都合なことが起きるたびに、黙っていたり、ごまかしたり、嘘をついたり、ときには友達のせいにします。その姿を見て、〝自分はちゃんと指導しているのに…〟〝あたたかな学級づくりにも努めてきたのに…〟と怒りの感情を丸出しにしてしまえば、この項の振り出しに戻ってしまうでしょう。

「ピンチをチャンスに！」これは、教師と子どもが共に成長するために欠かせないメンタルだと私は思います。

素敵な未来を想像しよう

「予祝《よしゅく》」という言葉があります。文字どおり「あらかじめ祝う」という意味ですが、日本には昔からこうした習慣があったそうです。その代表格が「花見」です。

花見というと、満開の桜を愛でながら家族や仲間と会食する年中行事として定着していますが、もともとは秋の豊作を祈願することが目的だったそうです。「今年も豊作でよかったね」と振る舞う（心から演技する）わけですね。大嶋啓介さんの著書『予祝のススメ 前祝いの法則』（フォレスト出版、2018年）ではじめて知り、すごい考え方で画期的だなと思いました。

こんな考えを教室にもち込めたら…。桜が満開な4月に、その年の終わりはみんなの顔に笑顔の花が咲くことをお祝いできるとしたら素敵ですよね。いいイメージで新しい1年をスタートできるでしょう。

この考え方は、学級経営はもちろんですが、学校経営でも応用できそうです。そこで、子どもたちや同僚の先生方に向けてこんなしつもんをして、予祝をしてみてはいかがでしょうか。

〈未来しつもん（予祝インタビュー）〉

Q　このクラス（学校）のよいところは何でしたか？　10個あげてくれますか？

Q　みなさん（子どもたち）の認め合いがすばらしかったです。どんなことを大切にしていたのですか？

Q　このクラス（学校）で一番喜んでくれた人は誰ですか？

Q　日々、家や学校でどんな生活を送っていましたか？

Q　乗り越えられた困難はありましたか？

Q　なぜ、あなたはあきらめなかったのですか？

Q　このクラス（学校）で活躍したと思う友達（先生）は誰でしたか？

Q　素敵なクラス（学校）でしたね。あなたはいま、どんな気持ちですか？

お気づきの方もいらっしゃるかと思いますが、これらのしつもんをまとめて「未来しつもん」と称してはいますが、実際にしつもんしていることはすべて過去に関することです。

未来を志向しながら、自分自身について振り返る。そして、何をどのようにしたら未来の自分に近づけるのかを考える。こうした思索を行えるようにするしつもんだったわけですね。その答えが、ちょっと風変わりだったとしても…

「なるほどなぁ〜」

「おもしろいね」

「確かに、そのとおりかも」

「それって、どういうことかな。もっと詳しく教えて」

こんな受け止めが周囲にあれば、言葉に言霊が宿ります。本気でやってみようという気持ちが芽生えるからです。そうなれば、ますます現実味を帯びてきて、やりたいこと、やるべきことがどんどん見えてきます。

会議しつもん

さて、ここでは、子どもたちの学びからはちょっと離れて、先生方の会議の場にフォーカスしたしつもんを考えたいと思います。

みなさんの学校では、職員会議の司会をどのように決めていますか？　たとえば、学年でもち回り（輪番）にしていることがあるのではないでしょうか？　私も経験があるのですが、輪番方式はうまく機能しないことが多かったように思います。

ひとつの案件が一度の会議ですべて決まるのであれば、問題ないかもしれません。しかし、実際には複数回にわたって継続的に話し合う案件も少なくないと思います。このとき、司会役を機械的な輪番にしてしまうと、司会が特定の案件の経緯を理解していないということが起きるわけですね。

すると、「えっと、これについてはどうですか？」などと、これまでにほぼ意思決定に近いところまできていたのにゼロスタートとなってしまったり、（決めるべきことの優先順位が曖昧なので）話し合う時間配分もおかしくなったりします。挙句の果てには何も決まらずに会議が終わってしまうことも…。これでは、不毛な我慢大会です。

こうしたことは司会に限ったことではありません。なかには、終了時刻が過ぎているのに、延々と話をやめない管理職もいます。しかも、誰に断りを入れることもなく…。これでは、みんなが疲弊するばかりです。

授業でもそうではないですか？　終業のベルはとっくに鳴っているのに、どこ吹く風かのごとく教師が話を続けたら？　子どももうんざりしてしまいますよね。

こうしたことに、私は心の底から辟易としていたので、教務主任時代に校長の同意を得て、自分が専属の司会、というか会議のコーディネーター役を買って出ることにしました。

さて、実際にコーディネートするに先立ち、会議の内容や進め方のバリエーションを先生方に提示しました。

〈会議①〉問題発見・整理会議

学校（教室・職員室等）でいま、どんな問題が起こっているか、それは具体的にどんなトラブルか、新しい企画遂行するうえで考えておかなければならないリスクは何かなど、考え得る問題を整理し共有することを目的とする。

［しつもん例］「どこに問題がありますか？」「それはどのような問題ですか？」「今後、どんなトラブルが予想できますか？」など

〈会議②〉ブレーン・ストーミング会議

思いつく限りのアイディアをとことん出し合うことを目的とする。固定観念や先入観にとらわれず、「質」より「量」を重視。そのため、「善し悪し」や「正誤」を指摘し合うような評価・批判は厳禁。たとえ現実的ではなくても気にせず、参加者全員の発言をテンポよく同

列に並べる。「1人10個」といった遊び心も大事。

［しつもん例］「アイディアに不正解はありません。どんな方法が考えられると思いますか？」「どんなことでも自由にできるとしたら、何をしてみたいですか？」など

〈会議③〉経過確認・フォロー会議

いったん始動した案件が軌道に乗っているか、暗礁に乗り上げている問題はないかを整理し、よりベストアンサーに近づけるよう軌道修正を図ることを目的とする。

［しつもん例］「これまで取り組んできて、課題に感じていることはありますか？」「どうすれば、よりよく進行できると思いますか？」など

〈会議④〉役割計画・実行会議

案件を実行に移すために必要な役割を明確にすることを目的とする。管理職に外れてもらい、直接対応にあたる人員で話し合い決定する。

［しつもん例］「この役割は誰が担当するのがよいと思いますか？」「いつまでにしますか？」「個人で進めるのと、チームで進めるのとではどちらがよいと思いますか？」「チームメンバー以外で誰かの協力を仰ぐ必要はありますか？」など

〈会議⑤〉評価・意思決定会議

先生方から出されたアイディアの一つ一つを評価することを目的とする。現実的か、実行

可能か、お金がかかりすぎないかなどを検討しながら、みんなが納得できる解決策を模索する。
［しつもん例］「この取組は実現可能だと思いますか？」「人権などの観点からも実行可能ですか？」「予算内に収まると思いますか？」「先生方が一枚岩になって取り組めますか？」など

このように細分化して、それぞれの目的を明確にすることで、たとえば「あっ、この案件はアイディアがたくさんほしいから〈会議②〉でいこう。10分もあれば十分かな」といった見通しがもてるようになります。

加えて、次の４つの効果をねらっていました。

● 何のために話し合うのか、会議の目的を明確にしておく。
● 案件の検討を目的別に細分化することによって、司会が迷走しないようにする。
● 検討するのにどれくらいの時間がかかるのかがもわかるようにし、誰もが見通しをもてるようにする。
● 誰か一人の独演会にならないようにすることで、先生方が疲弊しないようにする。

ちなみに、会議の名称や種別は、これまで見聞きしたことの応用や転用ですので、学校の実情や必要に応じて柔軟に変えるとよいと思います。

いずれにしても、重要なことは、「何のための会議なのか」「何をいつまでに決めたいのか」「決めたことは実現可能なのか」「誰が責任をもって行うのか」「サポート体制は万全か」を、誰にとってもわかるようにすることです。そして何より、無駄な時間を減らすことです。場合によっては、15分程度の小会議にすることも可能です。

実際に、この会議の位置づけを意識しながらしつもんすることで、参加者の発言が増え、時間どおりに終わり、会議後の雰囲気もよくなりました。まさに、一石三鳥の働き方改革ですね。

＊

余談ですが、定刻どおりに終わった会議後に「FOR YOU TIME」という時間を設けています（時間は5分）。これは、自分が担任する学級ではない教室や廊下などの共有スペースで、「掲示物がはずれていたら直す」「雑巾がきちんとかかっていなかったら丁寧にかける」「掃除が不十分であれば廊下を箒ではく」といった活動をする取組です。

最初のうちは、「何ができるのかな」などと考えているうちに終了してしまうこともあったし、「その時間だけしかしないのはおかしいのでは？」などと言い出す方もいました（新しい取組に対しては、何かと理由をつけてやりたがらない人はいます）。それに対して、私は「まぁ、きっかけづくりのようなもんです。人のためにすることのよさを感じられたら、それでいいんですから。気軽にやりましょ」と答えていました。

実際、続けているうちに「2人であの場所掃除しよか。5分あったらできるやろ」と声をかけながら実行に移す光景が見られるようになったし、「FOR YOU TIME」の時間以外にも、こそっと廊下を掃除している人も生まれました。

ちょっとしたことだとは思いますが、こうした積み重ねが同僚性をよくしてくれるし、一人一人の教師の視野を広げてくれるように思います。

計画提案を通しやすくするしつもん

学校教育には、子どもたちの前に立つことで見えてくる取組がたくさんあります。少しでもいい授業を行うことの大切さはもちろんですが、道徳教育、人権教育、生徒指導、部活動、キャリア教育、各種行事などに代表される（教科横断的であったり、教育活動全体を通じて行う）授業以外の時間をいかに充実するかについても、教師は求められているということですね。

こうした諸活動の充実を期すためには、事前の周到な計画づくりが欠かせません。このようなときも、しつもんは有効です。

そのために、まず気をつけたいのは完璧な提案になるよう自分一人の頭でガチガチにつくり込んでしまわないこと。そして、粗々の段階で同僚や上司に見せてしまい、次のしつもんです。


この計画のいいところは、どんなところにあると思いますか？

この取組の課題は、どんなところにあると思いますか？


〝えっ「いいところ」を聴くのはわかるけど、自分から課題を聴くの？〟と思われた方もいるかもしれません。しかし、双方を抱き合わせで行うのが、このしつもんの肝です。

たとえば、自分の提案の「よいところ」ばかり主張した結果、「その計画だとリスクが大きいのでは？」などと反論され、否決された（あるいは再提出となった）ことはありませんか？　私はいく度となくあります。そのたびに納得がいかず、落ち込んで、しばらくやる気を失ってしまったこともしばしば…。

さて、こうしたことは、「よいところ」の伝え方が悪かったからでしょうか。それとも、計画に（自分では気づかなかった）穴があったからでしょうか。いずれも違うと思います。

そもそも、蟻の這い出る隙もない完璧な計画など存在しないし、「いいところ」と「わるいところ」は、（別々に存在しているわけではなく）コインの表裏のごとく一体不可分であることが多いからです。だから、自分の主張する「いいところ」を裏返されると、それが的確な反論になってしまうのですね。

たとえば、「子どもたちの自主性が大事。それに、いまの子どもたちにはそれがある。だから今回の合唱コンクールでは、教師は口も手も出さず彼らに任せてみませんか？」と提案したところ、「子どもにすべて任せた結果、発表会が惨憺たるものになったらどうするの？」といった反論がこれに当たります。

どんな提案にも必ず何らかのリスクが伴います。だから、リスクのほうを強調されると再反論できなくなってしまうわけですね（もっとも、このような反論が頻発する学校では、閉鎖的で活力がなく、新しい挑戦ができず、管理職であれば事なかれ主義、若手であればあきらめモードが蔓延します）。

そこで、「いいところ」と「わるいところ」の双方を、提案者ではなく、しつもんに答えてもらう相手に挙げてもらうわけです。すると、「いいところ」を裏返す反論をしようものなら発言した自分に跳ね返ってくるし、「わるいところ」を裏返せば「いいところ」が際立つようになります。なにより、提案者による「いいところ」の押し売りにならずに済みます。その結果として、リスクよりも効果に目を向けた建設的なディスカッションにもっていきやすくなるのですね。

さて、ここでは、計画提案を通しやすくする教師向けのしつもんを紹介しましたが、子どもであっても、たとえば高学年であれば、総合的な学習の時間の追究課題を話し合う場面などで使えそうです。

正のスパイラルを生み出すHow思考

次に紹介するしつもんは、（誰かに対してではなく）かつての私への戒めを込めて自分自身に対して行っているしつもんです。

あなたの仕事は、何をすることですか？

何のために、子どもの前に立っているのですか？

授業づくりも学級づくりも、ちっともうまくいかずトラブル続きだった時期がありました。なぜ、そうなってしまうのか、どうしてもわからず、くさくさした気持ちで仕事をしていました。

そんな精神状態だと、「今年の子どもは…」「保護者が協力してくれなくて…」「そもそもこの地域は…」などと（自分のことを棚に上げて）言い訳ばかり口にするようになります。

それからずいぶん経ってから、自分の何がダメだったのか気づくことができました。それは、次の思い込みです。

●教師の指示どおりに子どもを動かすこと（コントロールすること）が、教師に求められる最良の指導だ。

●子どもは未熟な存在だから、教師がしっかり教え込むことが必要だ。

これらの考え方も、昔は通用していた（はず）なのですが、ある時期からまったく通用しなくなりました。その結果、トラブル続きの日々を送ることになるのですが、自分の考え方を変えようとするだけでは、うまくいきませんでした。実は、そこから復帰するためには、もうひとつ、発想を切り替えなければならないことがあったのです。

実は、（教師に限らず）スランプに陥った人がなかなか抜け出せない特徴的な行動があります。それは、次の思考です。私は負のスパイラル思考と呼んでいます。

「何で、うまくいかへんのやろ…」と原因を突き止めようとする「Why 思考」

結論から言うと、どれだけ考えても直接的な唯一の原因など見つかりようがありません。ですから、原因について考える時間は、すべて無駄に終わってしまいます。

もちろん、「あれだったかな？」程度のそれっぽい原因が思い当たることはあるでしょう。しかし、ある状況を生み出す元凶は、往々にしていくつもの原因や経緯によって複合的にもたらされるものです。もし仮に、それら一つ一つを解きほぐそうとすると迷路にはまり込み、結局は袋小路で立ち往生するということがしばしば起きます。

その結果、次の負のスパイラル思考にはまるのです。

原因究明にとらわれる。
↓
原因を考えるばかりで、何も行動を起こさない。

→行動を起こさないから、何も改善されない。

→問題はさらに悪化する。

→ふりだしに戻る。

では、どうするか。正のスパイラル思考にスイッチさせます。

「どうやったら、うまくいくんやろか…」と方法、方法を練って行動を起こす「How思考」

とにかく考えついた方法を試す。

→でも、うまくいかない。

→改善策を練って、再び取り組む。

←今度はちょっとだけうまくいく。

←自分の考えた方法に手ごたえを感じることで、気持ちも楽になりフットワークが軽くなる。

←新しい発想が生まれる。

もちろん、闇雲に取り組めばいいということではないのですが、具体のアクションを起こさない限り、負のスパイラルから抜け出すことができないことは確かです。そのために必要なのが、正のスパイラルを生み出す「How 思考」なのです。

第2章でも「よりよい方法を模索したいときには『どうしたら?』、成功要因を見つけ出したいときは『なぜ?』と使い分けることが大切」と紹介しましたが、教師がスランプから抜け出すためにも有用な思考なのですね。

最後に、私が実施している「How 思考」に基づくしつもんを例示したいと思います。

〈学校教育〉

Q　どうしたら、クラスで楽しく過ごせるのか。学習に向かえるか。
Q　どうしたら、さらに発表者が増えて全員で授業をつくる雰囲気ができるか。
Q　どうしたら、T・Tとしてクラスをいい状態にして担任に返せるか。
Q　どうしたら、学校全体で活躍できるクラスになるのか（低学年でもやっていました）。
Q　どうしたら、先生方がいきいきと子どもの指導に当たれるか。
Q　組織力を高めるためにはどうすればよいか。
Q　道徳教育を無理なく学校教育に反映させるための工夫とはどのようなものか。
Q　教師も子どもも保護者も幸せになるには何をしたらよいか。

〈自分の生き方〉

Q　どうしたら、一流の考え方が身につくか。
Q　謙虚であり続けるためにどう生きるか。
Q　情熱をもち続けるためにできることは何か。
Q　常に研鑽を積む生き方をしていきたいが何をしていくか。
Q　どうすることが、誠実な行動になるか。
Q　どんなことを発信したらみんなに喜ばれるか。

Q　子どもたちが元気になるためにできることは何か。

自己決定しつもん

〝学級が20人編制だったらいいのに…〟。35人の子どもたちのすべてに同程度の理解力をつけさせるなんてむずかしすぎる〟

〝低学年や中学年のときに、もっとしっかり学習しておいてくれれば、いまこんなに苦労しなくて済むのに…〟

〝もっと時間があったら、いろいろな授業にチャレンジできるのに…〟

〝グラウンドがもう少し広かったら、もっと遊びやすい環境になるのに…〟

こんなふうに「〇〇だったら…」「〇〇じゃなかったら…」と愚痴をこぼしたくなることは、誰しもあるでしょう（私もそうです）。ただ、制度、施設、時間、過去を問題としている点で、いずれも自分ではどうしようもないことばかりです（だからこそ、こぼしたくなるわけですが…）。

結局のところ、気持ちを切り替えて現実と向き合い、できることを、できる範囲で、精一杯やるしかありません。そのためには、自分にできることは何か、できないことは何か、チームを組めばどうか、管理職を動かせばできることなのかなどを、落ち着いた気持ちで切り分けることが必要だと思います。

そんなときには、このしつもんです。

コントロールできないことは、何ですか？
それに対して、コントロールできることは、何ですか？

ない袖は振れないのだから、ある袖は何かを明確にするということですね。そうできれば、ないものねだりで嘆いてみたり（その結果、何も行動を起こそうとしなかったり）、誰かを無用な批判の的にしなくて済むようになります（管理職がよくその的になります…）。

ここでは、参考までに「誰にとってもコントロールできない事柄」を挙げたいと思います。

①天候・気候・気温（天災地変を含む）
②周りの先生の評価
③子ども

④学校施設の大きさや場所
⑤過去との比較
⑥未来への不安
⑦大人（保護者や地域）の声（評価にかかわること。賞賛や応援、指摘や要望など）

言葉にすれば、どれも至極当然な事柄ばかりなのですが、愚直りたいときは決まって、これらの事柄をあげつらうことが多いのではないでしょうか。そうであるからこそ、「できないことはできない」とキッパリ見切りをつけることが大切なのです。現実を見据えて、しっかりと前を向くためです。

では、逆にコントロールできることは何でしょうか。ひょっとしたらもうお気づきかもしれませんね。

それは、次の2つです。

①いま現在
②そして自分

この当たり前を単なる当たり前としてではなく、ひとつの真実として受け止められれば、自然と心も体もルックアップします。自分に対して、次のしつもんができるようになるからです。

（自然はどうにもならない、周囲の評価を気にしても仕方がない、すでに過ぎてしまった過去には戻れないし、未来のことを気にかけても何も変わらない、だから…）

いま、自分にできることはどんなことか？

ここで、冒頭の愚痴に戻ってみましょう。

〝学級が20人編制だったらいいのに…。35人の子どもたちのすべてに同程度の理解力をつけさせるなんてむずかしすぎる〟

この愚痴を、「いま」と「自分」に置き換えることができれば、次のような発想をもつこともできるのではないでしょうか。

〝確かに、教師の言葉だけで一律に全員の子どもの理解を得るのはむずかしい。だったら、映像で見せてみようか。それだけでも、ずいぶん違うはずだ。それと、子ども同士が話し合う場面をもっと工夫できないかな。加えて、机間指導も充実できれば、子どもたち一人一人の理解力を上げることもできるかもしれない〟

このような発想をもてれば、具体のアクションに移れるはずです。つまり、思い悩むばかりで心も体も動かないという状況から抜け出すことができるということですね。これは、子どもとのかかわりにおいて役立つだけでなく、時間外勤務の是正といった働き方改革を進めるうえでも応用することができます。

たとえば、全員の時間外勤務を月45時間以内に収めることを目標に掲げられたとします。このとき、「できないこと」に目を向けてしまえば、〝授業準備を行う時間がなくなる〟〝行事だって控えているし…〟などと、ネガティブな発想ばかりが浮かんできてしまうでしょう。

しかし、「いま」「自分」にも「できそうなこと」を考える癖がついていれば、自分の仕事の非効率な部分や無駄がどこにあるのかを考えるなど、「時間をつくるために必要なこと」に目を向けるようになるのではないでしょうか。

とはいえ、「無理に自分を律して修行僧よろしく仕事をしましょう」などと言いたいわけではありません。たとえば、友人や家族との会食の予定があれば、その日時に出かけられるように仕事を調整しますよね。実は、（目的が明確で、そこに自らの意志で意味を見いだしさえしていれば）仕事のほうを調整して時間をつくるということを、私たちは日常的に行っているのです。もちろん、ときには急ぎの仕事が突然入ってきて、会食に行けないということもあるでしょう。しかし、それは例外的なことのはずです。

教職は、（教職員全員が一律に行わなければならない仕事、緊急を要する仕事もありますが）他業界に比べ、「○○をする」あるいは「しない」という選択・判断を、自ら行うことができる余地が多い（裁量が大きい）職業だと思います。問題は、その選択・判断を自律的に行うか、「○○先生がそう言ったから」と他律的に行うかにあると思います。

言い換えると、自分に「できないこと」ではなく、「いま、できること」を考えられるようにするというのは、自らの責任において自己決定するということなのですね。ときには、勇気のいることですが、自分で決めたほうが〝やらされ感〟満載で多忙感を募らせることなく、前向きでおもしろい教師人生を送っていけるように、私は思います。

一言トレーニング

その「一言」が人の心を決定的に惹きつける、ということがあります。CM、ポスター、本の装幀などがそのいい例です。うまくいけば、多くの商品が売れたり、世間で話題になったりします。広告業界では、一般にキャッチコピーなどと言われていますね。

街を歩いていても、電車やバスに乗っていても、世の中には、こうしたキャッチコピーが溢れています。思わず納得させられるものもあれば、首をかしげてしまうものもあります。なぜ、これほどまでに溢れているかと言えば、人はクドクド説明されるよりも、一言で理解できたほうが心に響くからでしょう。

さて、この一言づくりが苦手な業界があります。それが、教育界。一言で済むことでも、わざわざ長々と語ってしまうことはありませんか？（私にも身に覚えがあります）。教師同士ならまだしも、子どもに対してであれば…。子どものほうは聞いているふうを装って、話を右から左へ流してしまうでしょう。それでは、心に響くどころか、話の内容さえ記憶に残りません。

そこで、このしつもんです。

それって、一言でいうと、どういうことですか？

相手に対して行うと不機嫌にさせてしまいそうで、ときと場所、相手との関係性をよく考えないといけませんが、自分に対してであれば問題ありません。学習指導であれ、生徒指導であれ、子どもの心に響く一言を考えることができたら、子どもを退屈からやる気へ、混乱から落ち着きへとシフトさせることができるのではないでしょうか。それに、一言で済むのであれば、教師のほうも楽です。

さて、そんな一言を意識するために（本当はそれだけではないのですが…）、私が個人的に企画し、口コミで広めている研修があります。それは、道徳自己研修（Design of Moral education）です。活動内容は、以下のとおり。

●自分の体験や発見を振り返り、道徳のどの内容項目に紐づけるかを考えてA4・1枚にまとめ、題名をつける。

この題名をつけるのはとてもおもしろいのですが、頭を悩ませます。まさに道徳教育のキャッチフレーズづくりですね。

さて、これまでにつけられた題名を列記すると、このようなものがあります。

「金よりも輝く銅メダル」
「どうしてここに？　遊び心満載の道路標識」
「私がやらず　誰がやる」

「1本の鉛筆の向こう」

「鳴かぬなら…」

「最強の離島から学ぶ心構え」

「自然を愛する心＝やさしさ」

「妖怪の力をかりる」


どうでしょう。ちょっとどんな内容項目なのか、気になりませんか？　子どもの興味を引き出せる題名にできれば、先に題名だけを板書して、こんなしつもん。

これからみんなが読む話は、どんな話だと思いますか？

意外と核心に迫る発言が生まれるかもしれないし、それによって1時間の授業の学びの深まりも期待できるかもしれません（45分のタイム・マネジメントがむずかしそうですが…）。

さて、こんな題名（一言）は、頭を悩ませれば浮かぶというものではありません。「いつか」「どこかで」見た「心に残る一言」のストックが、必要なのです。

そんなわけで、街に出かけて行って「一言」探索です。繁華街であれば店の看板、電車やバスであれば広告、神社仏閣であれば掲示板などを、さらっと見る習慣をつけることです。運よく見つけたら、メモをするなりケータイで撮影しておきます。コツは、「何かおもしろい一言はないかなぁ」と考えながら見ること。すると、普段であれば見過ごしていたもののなかに、授業や子どもとのかかわりで使えそうな「一言」に出合うことができます。

そういえば、何年か前に偶然見つけた滋賀県の銀行のポスターが素敵でした。滋賀県と言えば近江商人（ほんまか！）。その近江商人には、有名な経済哲学があります。それは、「三方よし」。「売り手よし」「買い手よし」「世間よし」という意味で、ご存じの方も多いでしょう。

私が見かけたポスターでは、この一言をもじって「人よし」「町よし」「未来よし」としていたのですね。「これはインパクトあるなぁ」と思い、銀行に問い合わせてポスターを借りることにしました。

そして、「人（子ども・教師・保護者）よし」「学校よし」「地域よし」とさらにもじって、保護者との懇談会の場で使ってみたのですね。なかなか好評だったので、教師対象の道徳の講演でも使ってみました。こちらも「反響よし」。

文字数が少ないから感覚的に理解でき、言葉にインパクトがあるから心に響くわけですね。
ほかにも、テレビＣＭにも興味深い一言がありますね。私の印象に残ったものにこんな一言があります。

つなげる私たちも、つながるんだ。（by ＮＴＴ ＫＤＤＩ）

このキャッチコピーがとても気に入ったので、教育版をつくってみました。

学ばせる私たちも、学ぶんだ。

こんなふうに心に残る一言の教育版をつくれば、子どもとのかかわり、先生方とのかかわり、授業とのかかわりを振り返るよい機会となります。
「これも仕事のひとつ」などと肩ひじ張らずに、楽しみながら一言トレーニングを試してみてください。頭の片隅に置いておくだけでかまいません。それが本当に誰かの心に響く「一言」であれば、必要なときに、ふっと口をついて出てきますから。

第4章

メンタル成長編

しつもんメンタルトレーニングの肝は、〝自分は相手に操られている（コントロールされている）〟と思わせることなく、いかにして送り手と受け手の双方が共に成長できるように仕掛けていくかにあります。逆に言えば、コントロールされていると受け手に思われた時点で期待される効果が消えてしまうということですね。

これは、子育てでも当てはまります。私自身、娘にとってきっとよいだろうと思ってしたことが、〝操られ感〟を与えてしまったようで、（ある件については）私の話に耳を傾けなくなりました。それほどまでに、子どもはコントロールされるのが嫌いです。

この点を踏まえつつ、本章ではしつもんメンタルトレーニングをさらに深掘りしていきたいと思います。

シャンパンタワーの法則

まずグラスの図を用意し、次のしつもんです。

いま、あなたはどれぐらい満たされていますか？

満たされている分だけ、グラスのなかを鉛筆で塗ってください。

これは、本書の共著者である藤代圭一さんが、よく行っているワークです。結果は、少しだけの人、半分以上の人、溢れ出ている人など、さまざまです。

このワークのポイントは、一番上のグラスが満たされていないと、下のグラスを満たすことができない点にあります（次頁の**資料1**）。私は教員研修でこのワークを行うようにしています。ちょっとアレンジを加えていて、それを表したのが**資料2**です。

こちらのほうは、自分が満たされていないとほかの人たちを満たすことができない図になっています。「子どもたちを満たすためには、教師である自分自身をまず満たしましょう」ということを伝えたいわけですね。

これは、しつもんメンタルトレーニングを効果的に行うに当たって、どうしても必要な要件です。自分が満たされていないと、（どれだけ高い指導技術をもっていても）しつもんがとってつけたようなものになってしまう（効果を失ってしまう）からです。それでは、子どもたちが本来もっているものを引き出すことはできません。

そこで、このしつもんです。

どうしたら、自分の心のグラスを満たすことができますか？

資料1

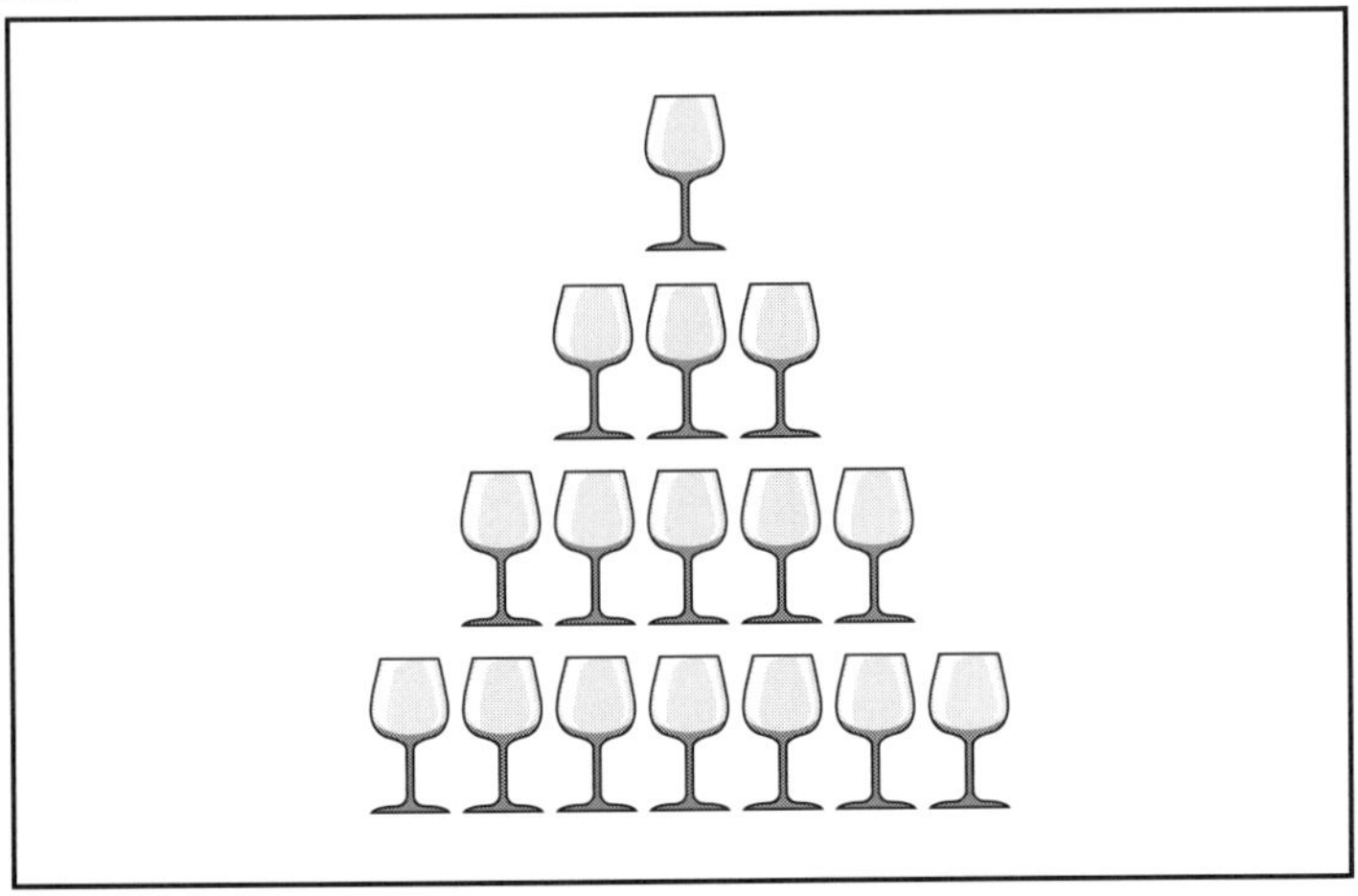

資料2

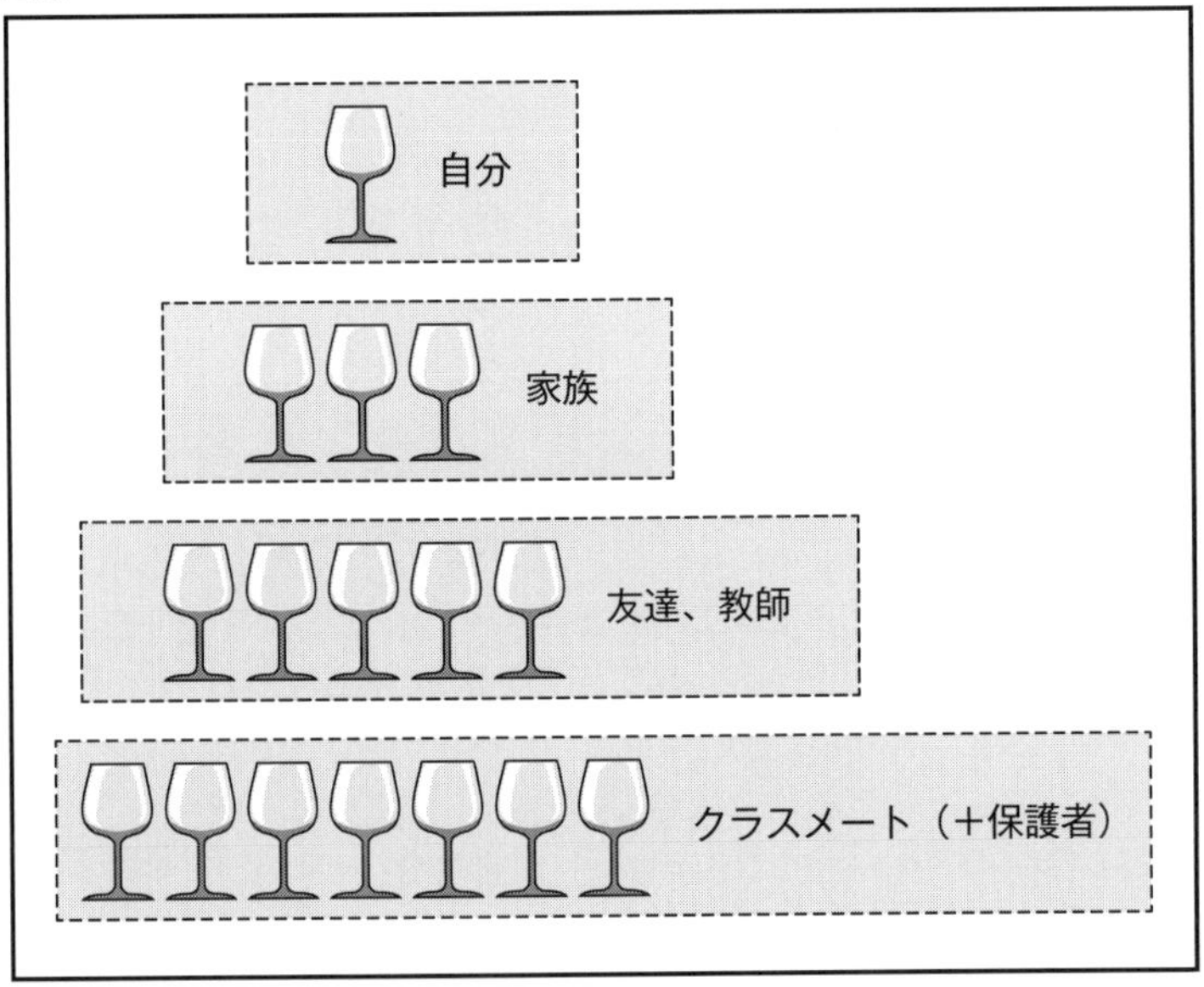

次に、このしつもんです。

子どもたちの心のグラスを満たすには、どうすればよいと思いますか？

これは、指導技術を高めるためのしつもんではありません。「子どもの心のグラスを満たす」ために、何を重視しなければならないのかを再認識（場合によっては再発見）するためのしつもんです。

「授業で勝負」という言葉があります。確かにそのとおりです。問題は、質の高い授業を志向するあまり、子どもがおいてけぼりになってしまうことがあることです。

みなさんも、ご覧になったことがありませんか？

入念な教材研究、教師の意図が盛りだくさんの指導案、ねらい澄ました資料提示…いずれも授業者の思いに満ちた授業準備です。さて、いざ授業がはじまってみると、教師の熱い語りとは裏腹に、冷めた表情の子どもたち…。

授業への意気込みをもつことは大切です。しかし、張り切りすぎて、子どもの姿が見えなくなってしまうことがあるのですね。自分でも気づかぬうちに、教師が授業の主役、子どもたちを脇役にしてしまうわけです。

なぜ、こうしたことが起きてしまうのか。実は、授業への熱意そのものに原因があるわけではありません。授業を行うに当たってその授業者が誰を見ているのかにあります。その誰かが、もし隣の教室の先生や管理職、（研究授業であれば）参観者の先生方だったら？授業を行う自分の視界から、子どもたちの姿が消えてしまうでしょう。それでは、子どもたちの心のグラスを満たすことはできません。

授業を通して培う子どもの学習状況の評価者は教師です。他方、授業の善し悪しを決められる評価者は（異論はあるかもしれませんが）子どもたちです。この前提に立つことができれば、授業は、「何のために」「誰のために」行うのかが明確になると思います。

実を言うと、教師が授業の主役に躍り出てしまいがちなのは、経験の浅い若手ではありません。中堅の教師です。力がついてきて、自分なりの創意工夫で授業をつくりたくなったときに陥りがちな落とし穴なのです。ですから、力がついてきたときこそ、「何を」「どうすれば」子どもたちの心のグラスを満たすことができるのかを考える契機であるととらえたいものです。

さて、この心のグラスですが、教育現場では、物理法則を無視する注がれ方がされることが起きます。つまり、子どものグラスを満たしていたつもりが、逆に自分のグラスが満たされるという現象ですね（この点は後述）。

では、どうすれば自分のグラスを満たすことができるでしょうか。ここでは、その考え方を紹介したいと思います。

まず製氷皿を描いた**資料3**をご覧ください。

最初は、どの升も空です（**資料3**の①）。ここで、たとえば（スポーツチームのレギュラー

資料3

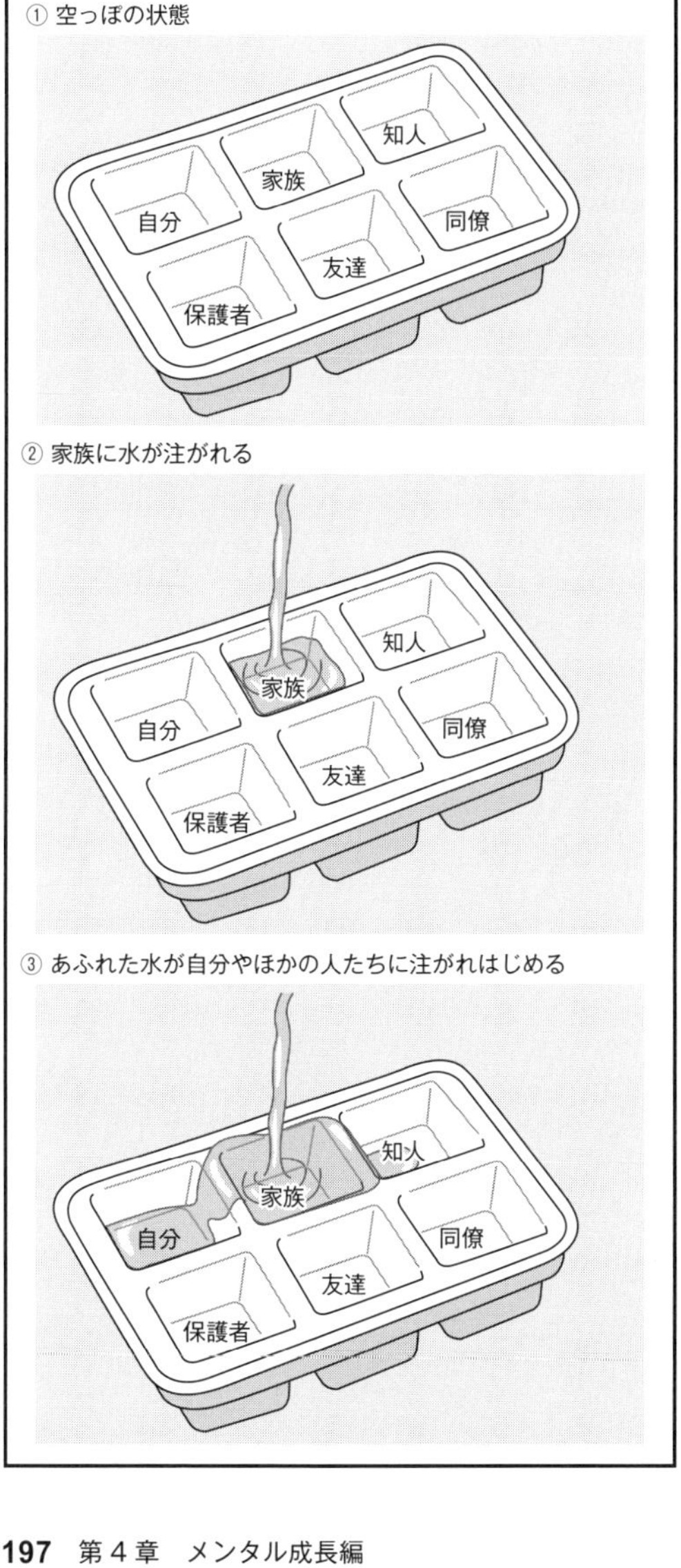

① 空っぽの状態
② 家族に水が注がれる
③ あふれた水が自分やほかの人たちに注がれはじめる

に選ばれた、（ボランティア先で感謝されたなど）家庭の誰かにとって何かいいことがあったとします。そんな話題が食卓に上がったとき、自分はただ話を聞いているだけなのだけど、自分のことのようにうれしくなったり、誇らしい気持ちになったりすることがありますよね。これが、**資料3**の②の状態です。

今度は、それを友達など周囲の人たちに語りたくなったり、自分にもできることを考えて行動を起こしたりすることで、自分を中心とした同心円状にいる人たちの升にも水が注がれはじめます。これが③の状態です。このように連鎖していきます。だからもし、「自分は満たされていないから、誰かを満たすことなどできない」などと思ってしまえば、思考も行動もストップし、実際にそのとおりになってしまうでしょう。

それに、「行動を起こす」といっても、大それたことではありません。家事のお手伝いでもいいし、自分が何かをがんばっている姿を見せるのでもよいのです。重要なのは、（些細なことかもしれないけど）周囲へのポジティブなかかわりを自分の意思で行うこと。そうすることで、（他者から、あるいは自分からの）「ありがとう」が生まれます。

さて、ここで**資料3**に戻りましょう。製氷皿に注がれた水の正体が見えてきませんか？

そうです。「感謝」です。「ありがとう」という言葉を交わしながら、「感謝」という水をお互いの心に注ぎ合っているわけですね。

「感謝」という水は湧き水です。相互のポジティブなかかわり合いがある限り、枯れてしまうことはありません。外へ、外へとあふれていきます。これは、第3章の冒頭でも紹介した学校を「たくさんの『ありがとう』が生まれる場所にする」という趣旨と同様です。

そしてこれが、しつもんメンタルトレーニングの2つめの要諦です。「自分の気持ちの状態をコントロールすること」と「たくさんの『ありがとう』が生まれるようにすること」はセットなのですね。どちらが欠けても、うまくいきません。逆に、右の2つを実行できれば、**自分のグラスからあふれた水が周囲のグラスを満たし、その結果、シャンパンタワーの物理法則をも越えて自分のグラスも満たされるという相互循環が生まれる**のです。

道徳授業における「ありがとう」の研究

しつもんメンタルトレーニングのみならず、道徳授業における「ありがとう」の研究は、なかなか意義深いものがあります。実際に実践してみると、いろいろ考えさせられます。

学習指導要領においては、この「ありがとう」を「感謝」という言葉で（内容項目のひとって）位置づけられています。具体的には、低学年B―(7)、中学年B―(7)、高学年B―(8)がこれに当たります。

〔第1学年及び第2学年〕

家族など日頃世話になっている人々に感謝すること。

〔第3学年及び第4学年〕

家族など生活を支えてくれている人々や現在の生活を築いてくれた高齢者に、尊敬と感謝の気持ちをもって接すること。

〔第5学年及び第6学年〕

日々の生活が家族や過去からの多くの人々の支え合いや助け合いで成り立っていることに感謝し、それに応えること。

（小学校学習指導要領解説　特別の教科道徳編）

ある時期、これらの内容項目について子どもたちが深く学べるようにするためには、私自身が「ありがとう」の効果を知っておく必要があるのではないかと思い立ちました。

そこで、いろいろと調べてみたのですが、この言葉は、もともと「感恩報謝」（四字熟語）

が由来のようです。字句どおりに受け取れば、「誰かから何かを受け取る」↓「その相手にお返しをする」という所作が前提になっているわけですね。

そう考えると、「お返しをする」ことが「ありがとう」、すなわち「感謝」なのだということになります。右の四字熟語の語順を変えれば、「恩報」（恩に報いて）「感謝」（ありがとう）の気持ちを表すという言い方ができそうです。

こんなことを調べているうちに、私は「感謝の力」に思い至りました。それは人間力そのものなのではないか…と。ここで言う「感謝」とは、「相手に対する礼儀を失しない」という狭義のとらえではありません。「人生を豊かにする」という大きな力としてのとらえです。

「豊かな人生とは何か」というしつもんであれば、その答えは人それぞれでしょう。しかし、「どうすれば、人生を豊かにできるか」というしつもんであれば、答えは絞られてくると思います。それは、さまざまな人たちとの出会いを通じて、自分の可能性を広げ、自分なりの成長を遂げていくことです。ということはつまり、**自分の人生を豊かにするためには、他者の存在が欠かせない**と言えるのではないでしょうか。

また、「自分の可能性を広げる」ためには、多くの人々との多様で多彩なつながりを増やしていく必要があります。「ありがとう」（感謝）は、人と人とをつなぐ潤滑油なのではないか、私はそんなふうに思うようになりました。

しつもんメンタルトレーニングに置き換えれば、人と人との（学校現場であれば、教師と子ども、あるいは子ども同士の）「ありがとう」の相互循環を生み出す、いわば「自分の人生を豊かにする」トレーニングだと言うことができると思います。

コミュニケーション上手になる方法

コミュニケーション上手と言うと、「話し上手」と「聞き上手」の2つのスキルを共に身につけていることのように思いがちですが、どうもそうではないようです。

結論から言うと、「聞き上手であることが、話し上手の条件」であり、「人の話を聞くのは苦手なのに話をするのは上手（だと周囲から思われるよう）な人はいない」ということです。

にもかかわらず、誰かとコミュニケーションを図るというとき、私たちはつい「相手の気を引くために、何か気の利いたことを言わなくては…」などと思いがちです。しかし、（お笑い芸人やコメンテーターなどでもない限り）そのような考えだと、かえって話し下手だと思われてしまうことが多いのです。

というのは、会話するときに相手が期待しているのは「私のことをわかってほしい」だからです。ということは、どんな話をもちかけても、相手の話に耳を傾けないままであれば、相手を退屈にさせたり、ときには辟易とさせてしまったりします。

授業でもそうですね。教師が一方的に話をする授業を、（たとえその話がどれだけ巧みなものであっても）子どもたちがおもしろいと思えない（子ども自らが学ぶことができない）のと同じです。この点に着目すると、教育現場では、「教わり上手が、教え上手」という言い方ができるかもしれませんね。

ここで、ＴＡＬＫ＆トーク話し方教室を主宰している野口敏さんが、雑誌のインタビューに答えておっしゃった言葉を紹介します。

「コミュニケーション上手の近道は、反応のいい人になること」

この野口さんの言葉を借りれば、「聞き上手とは、いい反応ができる人」「いい反応ができれば、話し上手になれる」と考えることができそうです。

では、そもそも「反応のいい人」とはどんな人なのでしょうか。

言葉化すると、次のような感じではないでしょうか。

●相手の目をソフトに見ながら話を聞いている。
●相手の話を「うん、うん」とうなずきながら聞いている。
●「なるほど」「そうなんですか！」などと言葉を挟みながら相手の言葉を肯定している。
●ときには、「それって、どういうことですか？」と聞き返しながら、相手の話を深掘りしている、など。

オーバーリアクションである必要はないし、思ってもいないことを口にしたり、「明らかにそれは違う」と思っていることを無理に肯定したりする必要もありません。もし、そのように振る舞えば、いつか見透かされて信頼を失います。迎合してもいいことはありません。そうではなく、相手の話を聞いて、「確かにそうだ」と思うことがあれば、（心のなかで思っているだけでなく）それを言葉や態度で表現しましょうということです。

これは、子どもたちに対しても同様です。

「へぇ」
「なるほど！」
「おもしろいやん」

「で、そのあとどうなったの？」

などと返し、子どものほうから「先生はどう思う？」と聞かれたら、そのときはじめて自分の考えを伝えればよいのです。

すると、「この先生はすごい！」「自分のことをわかってくれている」という受け止めをしてくれます（本当になるのです、これが…）。

子どもといえども、彼らの本当の気持ちはわからないし、子ども一人一人の情報量でいえば保護者にかなう者はいません。そうであるにもかかわらず、（本当はよくわかっていないのだけど）「わかっている」と思ってくれるということですね。

このような関係性をいったん築けると、その後は、（取るに足らないことも含めて）教師の話すことが子どもたちの心に届くようになります。図式としては次のとおりです。

先生はいつも話を聞いてくれるから好き ↓ 好きだから話をちゃんと聞く

さて、ここまでコミュニケーション上手について語ってきました。「これって、しつもんメンタルトレーニングとどんな関係があるの？」と思われた方もいるかもしれません。

これが、実に関係大有りなのです。

しつもんの効果を上げるためには、しつもん自体の質の高さが重要であることは、これまで語ってきたとおりです。しかし、それだけでは足りません。これと加えてもうひとつ重要なことがあるのです。それが、しつもんに対する子どもたちの回答を「聴く力」です。教師が、「いい聴き方（反応）」をしてくれるから、子どもたちのほうもしつもんに答えようとする意欲を高めるのです。

子どもたちが朝、登校した時点で教育ははじまっている

整体の勉強をしていたときのことです。私の師である猪野光威先生が、かつてこんなことをおっしゃっていました。

「お客さんが院に入ってきた時点で、私は施術をはじめている。そして70％はそこで施術を終えている」

〝ほんまか？〟と最初は思いました。体に触れてもいないのに、施術が終わるなんてないやろ…と。しかし、猪野先生のもとで勉強を進めていくうちに、その言葉の意味

がわかってきました。それは、患者さんの心と体を、「施術が入る状態にする」ことだったのです。

薄暗くかび臭い待合室、受付の人も目がうつろで、診察券を出しても顔さえ上げない。おまけに施術室の向こう側から漏れてくる唸るような声…。こんな整体院だったら、みなさんはどう感じますか？

〝こんなところで持病がよくなるものか…〟

〝いっそ、このまま家に帰りたい…〟

といったあたりではないでしょうか。

では、そのときの心と体の状態は？　いずれもカチンコチンに固まってしまい、どんなに素晴らしい施術をしようとしても、心と体が拒否してしまうのではないでしょうか。

つまり、猪野先生がおっしゃっていた「70％の施術」とは、患者さんが院に入った瞬間に、先生の施術を受け入れる心と体の状態をつくるということだったわけですね。

実際、先生の整体院は、とても清潔で明るい雰囲気。少しでも患者さんがリラックスできるように壁の色、質感、レイアウトにまで気を配り、あたたかな雰囲気になるように声をかけながら、さらに施術するときの立ち位置まで意図していました。正直、〝整体をするのに、そこまでするのか…〟と思ったものですが、患者さんの様子を見て合点がいきました。

ある日、年を取って体がひどく曲がったおばあさんが施術室から出てくると、背筋がシャキッと伸びていて、笑いながら元気よく帰っていく姿を目の当たりにしたのです。このときばかりは、きっと何かの手品で、施術室に入っていったおばあさんと、出てきたおばあさんは別人だったのではないかと思ったくらいでした。

さて、この逸話を学校現場に置き換えたら、どんなことが言えるでしょう。

「教師の指導が子どもに入るようにする」という言い方があります。この言葉自体は本書の趣旨とは相いれないのですが、「子どもたちが朝、登校してきた時点で、（たとえその場に担任教師がいなくても）教師による教育はすでにはじまっている」ということが言えると思います。

教室の変化を感じ取る子どもたちの感覚は鋭敏です。大人なら見過ごしてしまう、些末のことだと気にかけない事柄も、子どもたちに強い影響を及ぼすことがあるからです。「今日も一日、嫌なことがなく楽しく過ごせるかな」そう不安に思いながら教室に入ってくる子どもは必ずいます。心境としては、整体院の患者さんと同じですね。

さて、ここでしつもんです。

自分が担任する子どもたちの教育環境は、しっかり整っていますか？

猪野先生の言葉を借りれば、「子どもたちが朝、教室に入った時点で、その日の教育の70％が終わっている」となるでしょうか。さすがに、教育現場で70％は言い過ぎだと思いますが、教師の指導が子どもたちにとってよりよいものとなるためには、教室が清潔で明るく、楽しそうな雰囲気であることが不可欠だと思います。その日の教育効果を左右すると言っても過言ではないでしょう。

口ではいくらいいことを並べ立てても、あちらこちらにゴミが落ちている環境では、伝わるものも伝わりません。机がガタガタしていれば、子どもたちは落ち着いて話を聞けないし、学習に集中することもできません。なにより、教室が暗くじめじめした雰囲気であれば、子どもたちの心を暗くし、彼らの人間関係にも悪い影響を及ぼします。

子どもたちが荒れていると感じるクラスの教室は、およそ汚れていてゴミが落ちていても誰も拾おうとはしません。実際のところは、子どもたちが荒れたことで担任教師も余裕がなくなってしまい、そうなってしまったのかもしれませんが…。

しかし、教室の汚れは子どもたちの荒れを示すシグナルのひとつであることは間違いないし、その荒れを解決するためには、まず環境を整えることからはじめるほかないと思います。
というわけで、しつもんを効果的に行うためにも必要な教育環境の整備項目を列記します。

〈教育環境チェック〉

○子どもたちがきれいに机を並べられるように、床に線など引いてわかりやすくしている。
○ぞうきんが丁寧に並べてある。
○ゴミが落ちていない。
○ロッカーの荷物が整然としている。ランドセルの向きが同じになっている。
○ロッカーの上にものが散乱していない。
○窓側に子どもたちがのってしまうようなものが置かれていない（安全面）。
○黒板には日付日直など余計なものが一切ない（黒板は映画で言うスクリーンと同じだと教わりました）。
○子どもたちの机の上に余計なものが置かれていない。
○掲示物がはがれていない。教師の意図が伝わる掲示物になっている。
○壁の塗料などがはがれていない。亀裂がない。

○カーテンが薄汚れていない、など。

そして、もうひとつチェックすべき項目があります。それは、教師です。**子どもたちにとって最大の教育環境は教師**なのです。（ときには飲みすぎて朝がつらいときもありますが）子どもたちの前では、いつも穏やかで溌剌としていることが、子どもたちに安心感とやる気をもたらします。そんなクラスでは、「おはようございます！」と挨拶し合う子どもたちの元気な声が響き渡ります。

感性と選択

新しい評価の観点のひとつに「思考・判断・表現」があります。この考え方が法的に整備されたのはけっこう古くて、平成19年6月に新設された学校教育法第30条第2項の次の規定まで遡ります。

② 前項の場合においては、生涯にわたり学習する基盤が培われるよう、基礎的な知識及び技能を習得させるとともに、これらを活用して課題を解決するために必要な思考力、判断力、

表現力その他の能力をはぐくみ、主体的に学習に取り組む態度を養うことに、特に意を用いなければならない。（傍線は著者）

この規定は当初「学力の３要素」と呼ばれ、その後、平成20年、29年の学習指導要領改訂を経て、「思考・判断・表現」については、新しい「評価の観点」のひとつとして位置づけられました。その間、有識者が多くの議論がなされてきたわけですから、教育現場において重視すべき事柄であることは間違いありません。

ただ、リアルタイムの授業にフォーカスすると（「思考・判断・表現」にとらわれすぎると）、授業にメリハリが失われることがあります。特に「ハリ」の部分であるスピード感が生まれにくくなってしまうのですね。その結果、授業が単調になってしまい、集中力を切らす子どもが出てきます。

確かに授業では、教材などを提示し、そこから情報を読み取らせ、教師のしつもんに正対して考えたことを発言するように求める場面が数多くあります。それ自体は何も間違っていないし、大切なことです。

しかし、それればかりだと手が上げられる子どもも、手を上げる回数も次第に減っていきます。考えるには時間がかかるし、考えることが苦手な子どもはそもそも発言できないからです。その結果、スピード感が生まれなくなるわけですね。

ただし、スピード感といっても、急ぎ足で授業を進めるということではありません。授業に躍動感をもたらせるように、子どもをテンポよく乗せるということです。そのために必要なのが、「直感」です。

つまり、「考えたこと」だけでなく、「感じたこと」「思いついたこと」などを重視するということです。こうした直感は「どうして、その発言をしたの？」と根拠を問われることがないから、発言しやすいところに強みがあります（「考えたこと」だと「何を」「どのように」「どこから」がセットになる必要があり時間がかかります）。

授業は、「すでに学んだことを通して、新しいことを学ぶ」ことの連続ですから、何もかも考えずくで学習することはできないし、そうかといって直感だけでも学びは深まりません。

つまり、客観と直感の双方を織り交ぜながら、子どもたちの発言を引き出していくわけですね。そのためには、**思考を伴わせたいしつもんなのか、思考の起点をつくりたいしつもんなのかを吟味する**必要があります。

こうした使い分けができるようになるために大切なのが、教師自身の「感性と選択」です。日ごろから、感性を高めて、選択肢を広げておくことが、リアルタイムの授業にメリハリを与えられる指導力につながります。
そこでここでは、「感性と選択」を高めるために、私が行っていることを紹介します。

【その①】学校教育目標の意図や背景を知り、学校が目指す子ども像を具体的にイメージしながら、自分自身の教育への思いとリンクさせて整理する。

【その②】道徳の内容項目を眺めて、子どもの成長に必要な要素を知っておく。

【その③】神社仏閣で参拝する際は、お願いごとではなく、「ありがとうございます」と感謝を伝える。

【その④】教育とは別分野の本を読んだり、インターネットなどでさまざまな情報に触れたりする際に、「もしも私なら…」「うちの学校だったら…」と自分にしつもんする。

【その⑤】TVも含め、身の回りのものを見て「感動した！」「わかるわ〜」「こうありたいな」「何しとんねん！」「あかんやん」などと心を動かされた事柄をメモや画像に残す。

【その⑥】「どうすれば人を喜ばせられるか」について考える。

【その⑦】みんなが「Win Win」になる方法は必ずあると信じる。

以下、補足です。

①については、自分がしたい授業の実現可能性を上げる感度を高めるのが目的です。学校教育目標や校長の経営ビジョンと相容れない実践は実現がむずかしいからです。

②については、次の道徳の内容項目を念頭に入れておくということです。これらは、単に道徳教育にとどまらず、学校教育全般において大切な事柄です（左記は小学校）。

A【主として自分自身に関すること】
（善悪の判断、自律、自由と責任）（正直、誠実）（節度、節制）（個性の伸長）（希望と勇気、努力と強い意志）（真理の探究）

B【主として人との関わりに関すること】
（親切、思いやり）（感謝）（礼儀）（友情、信頼）（相互理解、寛容）

C【主として集団や社会との関わりに関すること】
（規則の尊重）（公正、公平、社会正義）（勤労、公共の精神）（家族愛、家庭生活の充実）（伝統と文化の尊重、国や郷土を愛する態度）（国際理解、国際親善）

D【主として生命や自然、崇高なものとの関わりに関すること】
（生命の尊さ）（自然愛護）（感動、畏敬の念）（よりよく生きる喜び）

③については、私のしていることのなかでも個人色が強いですね。意図は、参拝する際にお願いごとをしてしまうと、自分の仕事を他力本願にしてしまいそうで怖いからです。加えて、過去への感謝と未来に起こるであろう自分の姿に対する感謝の気持ちを先取りするという意味もあります。

そういえば、（日本人独特の感性だと思いますが）以前、「いのり」の「い」は「生きる」、「のり」は「祝詞（のりと）」のこと。だから、祈りとは「生きる宣言だ」と教えてもらったことがあります。

④のじぶんへのしつもんについては、教育の外の世界を知り、いいものに出会ったら「教育にもち込めないか」「もち込むとしたらどのように？」という視点をたくさんもてるようにすることが目的です。いずれも、授業を行ううえでの選択肢となります。

⑤のメモや画像については、「いつ使えるかわからない記録」です。でも、意外と使えたりします。また、自分が「どのようなとき」に「どのような」感情をもつのかを知ることで、自分をコントロールしやすくするという効果も期待できます。

⑥については、人の喜ぶ様子を（方法込みで）具体的に思い浮かべられると、自分の身の回りの景色が色づきます。授業も同じです。「どのような授業にすれば、子どもたちが喜ぶのか」を考えることは、「授業をどのように行うか」に先立つ前提意識だと思います。

⑦の「Win Win」については、「していること」というよりも心構えですね。

この考え方が重要なのは、「教師の仕事は滅私奉公であってはいけない」と思うからです。教師はよく「子どものため」と言いますよね。実際そのそのとおりなのですが、それが「子どもだけのため」に仕事をしようとすると、うまくいかなくなります。逆に「教師である自分だけのため」についても同様です。「子どもと自分、双方のため」であってはじめて、いい実践ができるのです。

この考え方は、本章の冒頭で紹介したシャンパンタワーや製氷皿の考え方を思い起こしていただければ理解いただけると思います。できれば、「Win Win」を越えて、（第3章で紹介した近江商人の）「三方よし」であることが理想です。「子どもよし」「教師よし」「保護者よし」です。

力の発揮の仕方・させ方

誰しも自分のミッションを成功させたいと思っています。担任教師であれば、学級経営というミッション、研究主任であれば授業研究というミッション、管理職であれば学校経営というミッションといったように、職層や役割に応じて成功させたいミッションは変わりますが、「成功させたい」という気持ちという点では、みな一致しています。ただ、これもまた「誰しも」なのですが、行き詰ってしまう、あるいはスランプに陥ってしまうこともあります。そのようなときは、次のしつもんです。

自分はどんなときに一番力を発揮すると思いますか？

これは、いま目の前にある困難をどう打開すればいいのか、その方法を考える前に、教師としての自分のストロングポイントを明確にするしつもんです。課題解決の主体は常に自分である以上、自分の強みを知り、それを発揮させるほかありません。

さて、みなさんの答えはどうだったでしょうか？ きっといろいろな場面を思い浮かべたと思います。自分のストロングポイントなのですから、多様なのは当然です。

では、次のしつもんです。

そのとき、自分はどのような表情をしていましたか？

（言い方こそ、それぞれかもしれませんが）「笑顔」ではないでしょうか？ 逆に、力が発揮できずにいるときは「悲しい顔」「つらい顔」などだと思います。

うまくいっていないときに、自然に笑みがこぼれることはまずないですよね。ただ、笑顔には不思議な力があって、「幸せだから笑う」だけでなく、「笑うから幸せになる」という側面があります。

体の機能で言うと、笑顔は表情筋が上がっている状態です。この状態を意識的につくることで、困難を打開するためのいいスタートを切ることができます。「笑う門には福来る」は真実だと思います。

以前、私の学級で「顔のマッサージをしよう」と投げかけ、子どもたちの表情筋が上がった状態になったところで、百マス計算をしてみたことがあります。すると、いつもよりも少しだけ早く計算が終わる子どもが増え、計算ミスが減りました。

また、梅雨のジメジメした時期などに子どもたちの表情筋が下がっているのを見てとり、同じようにマッサージさせてみたら、その日のもめごとやイライラが減ったこともありました。

ふだん意識はしないと思いますが、笑顔になるためにはけっこうな頬の筋肉の力と柔軟性が必要です。悲しいことやつらいことがあると顔から笑顔（というか表情そのものが）が消えるのも、頬がこわばったり力が出なくなるからです。そんな状況にある子どもを無理やり笑顔にするのは厳禁だし、（愛想のために無理してつくるような）つくり笑顔を推奨したいわけではありません。しかし、そうでない限りは、（自分も子どもも）どんどん笑顔をつくる取組をオススメしたいと思います。

まずは、先生による笑顔の取組から。

- 朝、満面の笑みで子どもを迎える。
- 話しかけるときに最後に微笑む。
- 笑顔で話を聞く。
- 笑顔でほめる。
- 笑顔で指示を出す、など。

ほかにも、やれることはいっぱいありそうです。

次は、子どもたちによる笑顔の取組です。これは、実際に笑顔をつくるというよりも、笑顔について学ぶ取組で、6年生の子どもたちと行いました。

まずは黒板に「一笑一？」と板書し、次のしつもんです。

「？」にどんな一文字が入ると思いますか？

理由もセットで答えてもらうと、子どもたちから実にユニークで、みんなが笑顔になれるような答えがたくさん出されました。

一笑一【元】ひとつ笑うと、ひとつ元気になる。
一笑一【喜】ひとつの笑顔で、一人を喜ばせることができる。
一笑一【嬉】1回笑うということは、ひとつ嬉しいことがあったから。
一笑一【幸】ひとつの笑顔で幸せがひとつ訪れる。
一笑一【良】1回笑うことで、一段階よくなっていく。
一笑一【楽】ひとつの笑顔が広がると、みんなが楽しさでひとつになる。
一笑一【賢】ひとつの笑いを考えることで、ひとつ賢くなる。
一笑一【豊】1回笑うごとに、豊かさがひとつ増える。
一笑一【宝】ひとつの笑顔は、一生の宝になる。

子どもたちもみな、「笑顔には前向きな力が宿る」ことを感覚的に知っているのですね。

それが自分にとってどのような意味をもち得るのかを言語化するしつもんだったわけです。

ちなみに「?」に当てはまる一文字は「若」で、さらに「一怒一老」と続きます。この「一笑一若一怒一老」とは、「人は、笑えば笑うほど若返り、怒れば怒るほど老いていく」という意味らしく、精神科医であり作家である斎藤茂太さんが、座右の銘としていた言葉だそうです。

この語を知るだけでも、笑顔にならない手はないですよね。

誰かに見られている感をもつ

「お天道様がいつも見てるで」私は、そう言われながら育った一人です。

昔、中学校からの帰り道、こっそり販売機でジュースを買って飲んだことがあります。もちろん、禁止されていたことです。

家に帰ると、母親から唐突に「あんた、公園の近くでジュース買って飲んだやろ」と言われ、硬直しました。続けて「なぁ?　お天道様が見てはるんやから、恥ずかしいことしたらあかんよ」と。そのときのことは昨日のことのように忘れられません。

さて、この一件は、ずいぶん長い間、私にとっての大きな謎だったのですが、大人になってからようやく、母親から真相を教えてもらいました。要するに、地域の人が見ていて連絡をくれたのですね。

タネが明かされれば、どうという話ではなかったのですが、子どもだった私にとっては衝撃的なことでした。しかし、このことの本当の重要性（というか恐ろしさ）を知ったのは、教師になってからのことです。

かつて「学級王国」などとも揶揄されましたが、いったん教室で授業をはじめてしまえば、私たち教師は「誰かに見られている」とは意識的には感じません。突然、校内視察で校長が教室に入ってきたり、研究授業でもない限りです。この「見られている」という感覚が生まれるのは、「自分を評価する」視線を感じたときだからです。若手のころは特にそうです。

しかし、それは大きな誤りであったことに気づきます。実は、いつ、いかなるときも多くの視線にさらされているのです。そうです。〝子どもたちの視線に〟です。

彼らは、毎日、毎日、教師を見ています。しかも、〝ぼんやりと〟〝なんとなく〟ではありません。ときには、教師の一つ一つの言動の裏側にあるものさえも、的確に見抜きます（この能力の精度には、いつも驚かされます）。

この事実に気づいたとき、もう「誰にも見られていない」などとは思えなくなりました。そうではなく、**「自分は常に見られている」**と。

このとき、「見られている」と感じ続けることの重要性を学びました。それは、子どもたちに見られていると意識するから、少しでも彼らにとっていい授業にする努力を惜しまないし、緊張感をもって授業に臨めるようになったからです。おかげで、子ども不在の授業、子どもを置いてけぼりにする授業からの脱却を強く意識できるようになりました。

その後、〝さらにもっと多くの人たちから「見られる」ようにしたほうが、いい授業を行う確度を上げられそうだぞ〟と考えるようになりました。そこで、同僚の先生方に手あたり次第「いつでも私のクラスを見に来てください」とお願いするようになったのです。

私は、けっして心が強い人間ではありません。ですから、教師という同じ立場から評価の視線を受けるのは、正直怖さもあります。しかしそれ以上に、他者からの評価を受ける視線なしには、授業がマンネリ化したり、手を抜いてしまうかもしれないことのほうが怖いのです。

だったら、〝見られることに緊張したり、しんどくなったりする怖さを、自分の楽しみや喜びにしてしまったほうがいい〟と発想を変えることにしたのです。すなわち、

「誰かに見られているから、がんばる」ではなく、「誰かが見てくれているから、がんばれる」という、自分自身の受け止め方へのパラダイムシフトです。

そんな私が、自分に対して行ったしつもんがこれです。

毎日、自分や子どもたちが楽しく過ごすために、どんなことができますか？

言葉遣い、子どもの見取り、机間指導の仕方、クラスの雰囲気づくりなどを、「常に自分のことを誰かが見てくれている」という意識をもちながら、〝いかに楽しくできるか〟を考えるしつもんです。

そんなふうにしているうちに、参観日だろうが授業研究だろうが関係なくなりました。どんなときも、いつもと同じ授業です。結局、それが一番。

行動を変えて心を整える

私は「遊び心」という言葉が好きです。どんな仕事も、遊び心で進められると余計な力が入りません。むしろ、楽しんで取り組むことができます。仕事を遂行するうえでの視野も広がります。ときには、俯瞰することだってできます。この遊び心というものは、文化そのものだとも言えるように思うのです。

日本の文化には、「縁起物」と呼ばれるものがあります。私の勤務する京都にも、ありとあらゆる縁起物があります。以前、たまたま通りかかった独楽のお店のパンフレットが目につきました。そこには、こんなことが書かれていました。

●独楽を回すと、頭の回転がよくなる。
●独楽を回すと、仕事や商いの回りがよくなる。
●独楽は芯と棒が大切。だから辛抱は大切。

「なるほど、そうか。縁起物って『何か行動を起こすことで、縁を引き寄せることができる』ことを教えてくれるものなんだな」と気づきました。

とてもおもしろい考え方だと思い、早速子どもたちと「縁が起きる」授業を行ってみることにしました。独楽の例を挙げながら、縁起物についてひとしきり説明した後、次のしつもんです。

どんな行動をすると、どんな縁が起きますか？

子どもたちはたくさん考えてくれました。一例を挙げると次のとおりです。

●雨が降っているのを見ていると、幸せも降ってくる。
●お湯を沸かすと、希望も湧いてくる。
●椅子を入れれば入れるほど、気合も入る。
●階段を上がると、やる気も高まる。
●スリッパをそろえると、心もそろってくる。

こんなやりとりをしているうちに、私も子どもたちも「身近に良縁を引き寄せよう思えば、行動次第でいくらでもできそうだ」と思えるようになりました。

「行動を変えて心を整える」ことの意味やおもしろさを知るこんな授業も、「遊び心」のひとつです。「楽しく学ぶ」ことの本質が、こんなところにもあるように思います。

子どもが本来もっているものから学ぶ

さて、このテーマが本書で紹介する最後です。

実は、しつもんメンタルトレーニングの効果を阻害する意識があります。それは、私たち教師にありがちな次の意識です。


「子どもを助けるためには、教師が教えてやらなければ…」


「子どもを助けたい」という教師の思いを否定したいわけではありません。問題は、子どもをどのような存在だととらえているかにあります。

あるとき、しつもんの質を吟味し、ベストだと思うタイミングでしつもんしたはずなのに、子どもたちからこんな声が漏れたことがあります。

「先生は『何でも正解』って言うから、正直に言ったのに…」

「最初からそう言っておいてほしかった」

「だったら、聞かないでよ…」

はい、大失敗をしました。その最大の原因は明らかです。心のどこかで〝子どもは、きっとこんなふうに答えるはずだ〟という思いを隠しもっていたからです。無自覚に「答え」を用意してしまっていたのですね。

では、なぜそうしてしまったのでしょう。それは、子どもを「未熟な存在だ」と決めつけてしまっていたからです。「教えること」＝「子どもの足りないところを教師が埋めること」だという認識でいる限り、しつもんメンタルトレーニングはうまくいきません。

「その子にとっての最適解は、いつだってその子自身のなかにある」

指導を行ううえで、この意識が根底にあってはじめて、しつもんはうまくいきます。だって、「子どものなかにしか、答えがない」なら、教師は引き出す以外にないですものね。つまり、本書のタイトルである「教えない指導」とは、「引き出す指導」だったわけです。

とはいえ、理屈ではわかっていても、教師はつい子どもが未熟だと思い込んで「足りないところを埋める」指導をしてしまいがちです。私もまた、よくよく気をつけていないとそうなります。いかにその気持ちをぐっと堪えるか、感情のマネジメントについては、これまで述べてきたとおりです。

では、子どもからどうにも理解しがたい突飛な答えが出てきたら、どうすればよいのでしょう。いったんクールダウンして「どうして、そう思ったの?」と尋ねて、子どもに教えてもらえばよいのです。誰かを傷つけたり、悲しませたりするのでさえなければ、どんな答えでもOKなのが、しつもんメンタルトレーニングです。

以前、「友情、信頼」(内容項目)について学ぶ道徳の授業を行ったときのことです。まとめの段階で、次のようにしつもんしました。

親友の「親(しん)」の字を、違う字にするとしたら、どんな字にしますか?

「真友」「進友」「心友」「神友」「深友」など、子どもたちが次々と発言してくれた字を板書していました。〝よくこんなこと、思いつくなぁ〟と感心していたところに「辛友」という発言が躍り出ます。その瞬間、私の手が止まりました。

正直、とりあげてよいものか迷いました。しかし、(教師にとって不都合だからといって)日ごろから「道徳の授業の答えは全部正解だ」と伝えている私が、子どもの発言をスルーするわけにはいきません。

理由を聴いてみると、こんな言葉が返ってきました。

「先生、〈辛い〉という字は一本足したら〈幸せ〉という字になります。辛い思いをしている友達を『一』所懸命助けてあげたら幸せになると思う。だから、一本足してあげられるのが親友やと思ったのです」


この瞬間、この子の発言をスルーしたり、「辛友って、つき合うのがつらい子のこと？」などと茶化してしまったりせずに本当によかった。心の底からそう思います。

当時5年生の子でした。ほかにも、地震の「震」という字を書いている子もいました。彼女は「心が震えるぐらいの刺激をし合える友達が親友だと思う」と言っていました。

＊

子どもって、本当にすごいですね。不意に、私たち教師の想定を軽く跳び越えてくる。

私たち教師が、子どものなかにあるものから学ぼうとする姿勢を示すことができれば、子どもにとっていい授業が成立する、この事実をつくづく感じさせられた一幕です。

おわりに

本書を最後までお読みいただき、とてもうれしいです。ありがとうございます。
精神文化とものづくりの融合で人づくりを深化させ、成長し続ける歴史都市の京都から、しつもんメンタルトレーニングと学校教育を融合させ、「教えない指導」として発信させていただきました。
ひとつでもみなさんの成長のきっかけとなり得たら幸せです。

なぜ、この本を出版したいと思ったのか？

自分自身にしつもんして、振り返ってみました。
そうしたら、自分の志にたどり着きました。

日本の子どもたちを元気にしたい！

シンプルなことですが、これが私の志です。

私は、これまでにいろいろな手法や考え方に出合いました。

京都市小学校道徳教育研究会に所属し、「子どもが本来もっているものを引き出す」ために、授業方法の研究や新しい教材の開発を行ってきました。本もたくさん読み、たくさんの方に出会い、学校教育以外の講演にも行ったり、道徳教育の講演もさせていただきました。

そのようななかで出合ったのが、しつもんメンタルトレーニングです。

この考え方や手法は、子どもだけじゃなく、大人自身も元気になると確信しました。

「『しつもん』を学校教育に伝えない手はない。さて、どう伝えたものか…」

この思いが契機となり、このたび出版という形になりました。「志を立てて進んでいくって、こういうことなのか」と身をもって知った次第です。

コロナ禍にあって、仕事の仕方がどんどん変化するものの、思考停止せずにいれたのは、まさしく「しつもん」のおかげです。自分自身に対して、「どうしたら、〜できるのか」としつもんし続け、自分なりの最適解を導き出し、他責で終わることなく、行動してきました。その結果、さまざまなことを創造できました。

指示待ちでは、きっと指示どおりにこなすだけ。やらされ感満載で、何も創造することなく、うまくいかなかったら、すぐに人のせいにして、いつも愚痴をこぼし続けていたことでしょう（そんなの嫌だ！）。

そう思うと、しつもんメンタルトレーニングをみなさんに届けることができて、本当によかったです。

さて、この場を借りて、本書に協力いただいた方々にお礼を述べたいと思います。

「これは、絶対に広めましょう」と背中を押していただき、言葉巧みな編集をしていただいた高木聡さん、そのご縁をつないでくださった國學院大學の田沼茂紀先生、絵を提供いただいた殿村栄一さん、本当にありがとうございます。素敵な1冊をつくることができました。

何より、この企画に力を加えていただいた本書の共著者で、しつもんメンタルトレーニング代表の藤代圭一さん、もう感謝しかないです。

これをきっかけに、しつもんメンタルトレーニングが広まり、全国のトレーナー・インストラクターの仲間や、本書をお読みいただいた教師のみなさんが、教育現場で思う存分に活用し、周囲の人たちからも「しつもん？　そんなの当たり前」という受け止めが生まれて、子どもも教師も（保護者も含めて）みんなが元気になれば、最高です。

加えて、本書とは直接関係ないのかもしれませんが（いや、大いに関係あるか…）、両親と兄の存在があります。いまの私の学びの基礎を築いてくれたのは、ほかならぬ彼らだからです。

「立ち入り禁止」の看板を見て、「座って入ったら、大丈夫や」と信じられないことを私に教えていた父。

人を助けることで2人の息子も助けてもらえるようにと恩送りを実践する母。

両親からのプレッシャーからいつも守ってくれていた優しい兄。

こんな土台があったからこそ、いまの自分の発想や行動があると思っています。ありがとうございます。

そして、こんな好き勝手にいろいろなことをしている私のことを応援してくれる妻、いまを丁寧に一生懸命生きる息子、いまを楽しむことを大事にしている娘の存在が、自分のパワーの源であり、生きる支えになっています。そんな家族にまだまだ自分が成長し続ける姿を見届けてもらいたいと思っています。

＊

最後になりましたが、「教えない指導」を読んでいただいたみなさんに感謝を込めて、自分が家族の名前（賢二、陽子、大志、笑和）でつくった、密かに大事にしている言葉を「教え」たいと思います。

賢く生きるとは
太陽のように明るい心で
大きな志を抱き
笑顔で人を和ませること

これから進む未来の教育は、子どもたちの笑顔で溢れていると信じて。
いつか、どこかで、みなさんとリアルにお目にかかるのを楽しみにしております！

令和３年２月吉日　鎌田　賢二

鎌田 賢二（かまだ・けんじ）

京都市立桂川小学校教頭

しつもんメンタルトレーニングトレーナー、道徳教育を専門として、京都市小学校道徳教育研究会で「子どもが本来もっているものを引き出す」ための指導技術や教師の在り方を研究。ほかにも、道徳教科用図書編集委員や大学等での講演、他小学校への道徳指導・助言、家庭教育学級を行っている。

藤代 圭一（ふじしろ・けいいち）

しつもんメンタルトレーニング代表

一般社団法人スポーツリレーションシップ協会
「教えるのではなく問いかける」ことでやる気を引き出し、考える力を育む『しつもんメンタルトレーニング』を考案。日本代表チームや全国優勝選手など様々なジャンルのメンタルコーチをつとめる。子どもに「やらせる」のではなく「やりたくなる」動機付けを得意とする。

教えない指導

子どもの主体的な学びを引き出すしつもんメンタルトレーニング

2021（令和3）年２月10日　初版第1刷発行
2022（令和4）年11月22日　初版第5刷発行

著　者　鎌田 賢二
　　　　藤代 圭一
発行者　錦織圭之介
発行所　株式会社　東洋館出版社
〒101-0054　東京都千代田区神田錦町2丁目9番地1号
コンフォール安田ビル2階
営業部　電 話 03-6778-7278
　　　　FAX 03-5281-8092
代　表　電 話 03-6778-4343
　　　　FAX 03-5281-8091
振替　00180-7-96823
URL　https://www.toyokan.co.jp
装　幀　中濱健治
印刷・製本　藤原印刷株式会社

ISBN978-4-491-04350-0　Printed in Japan